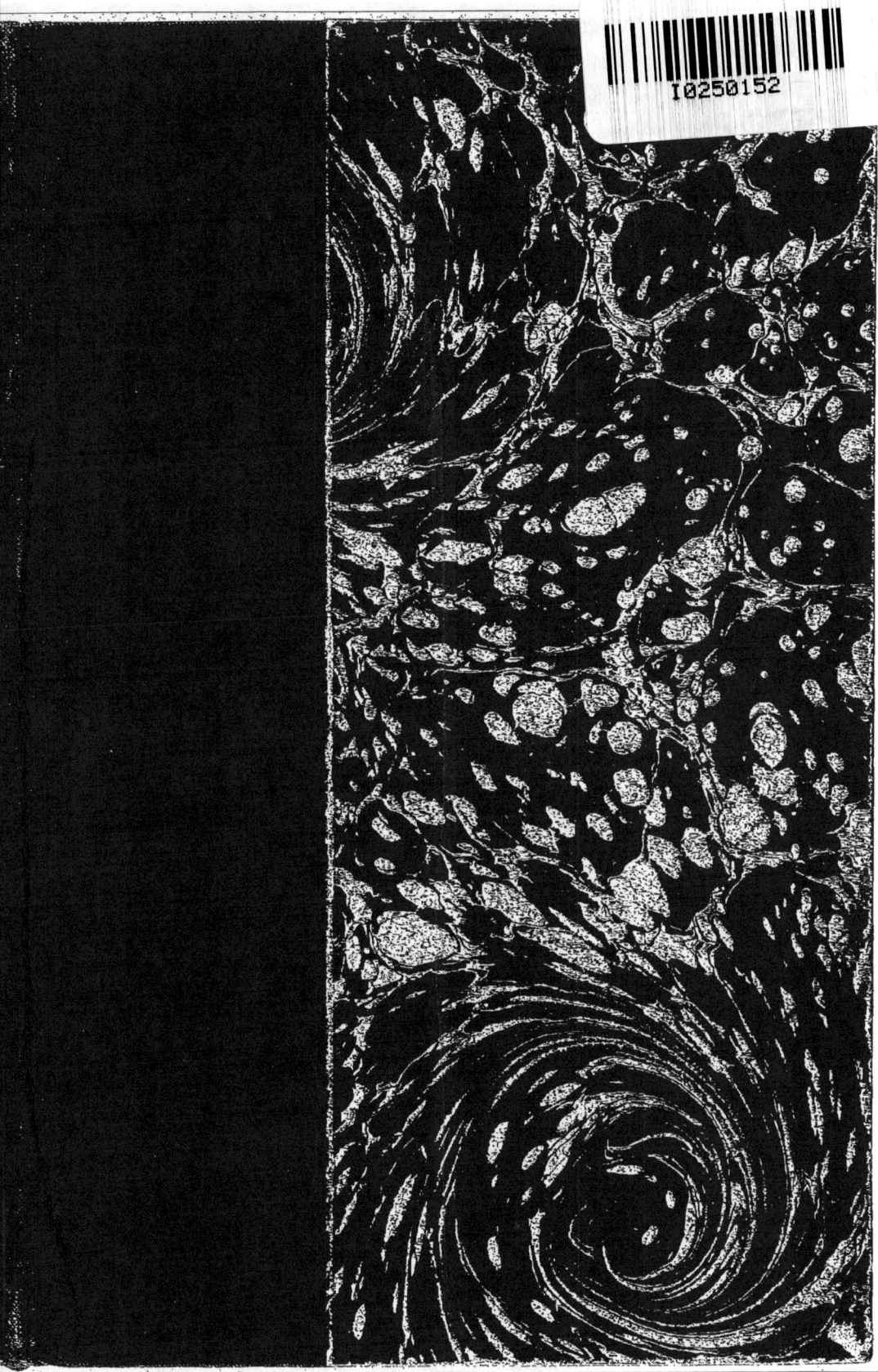

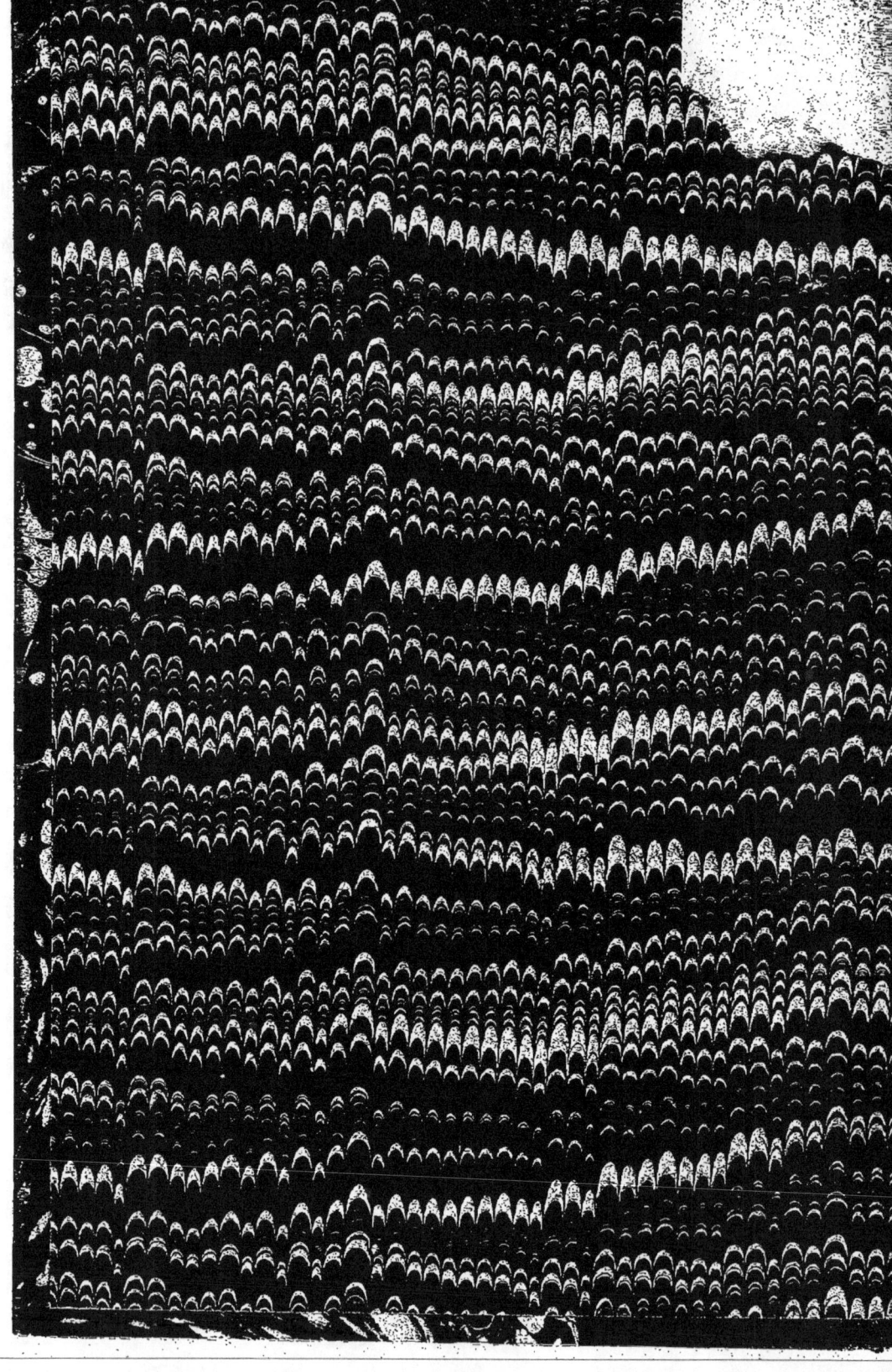

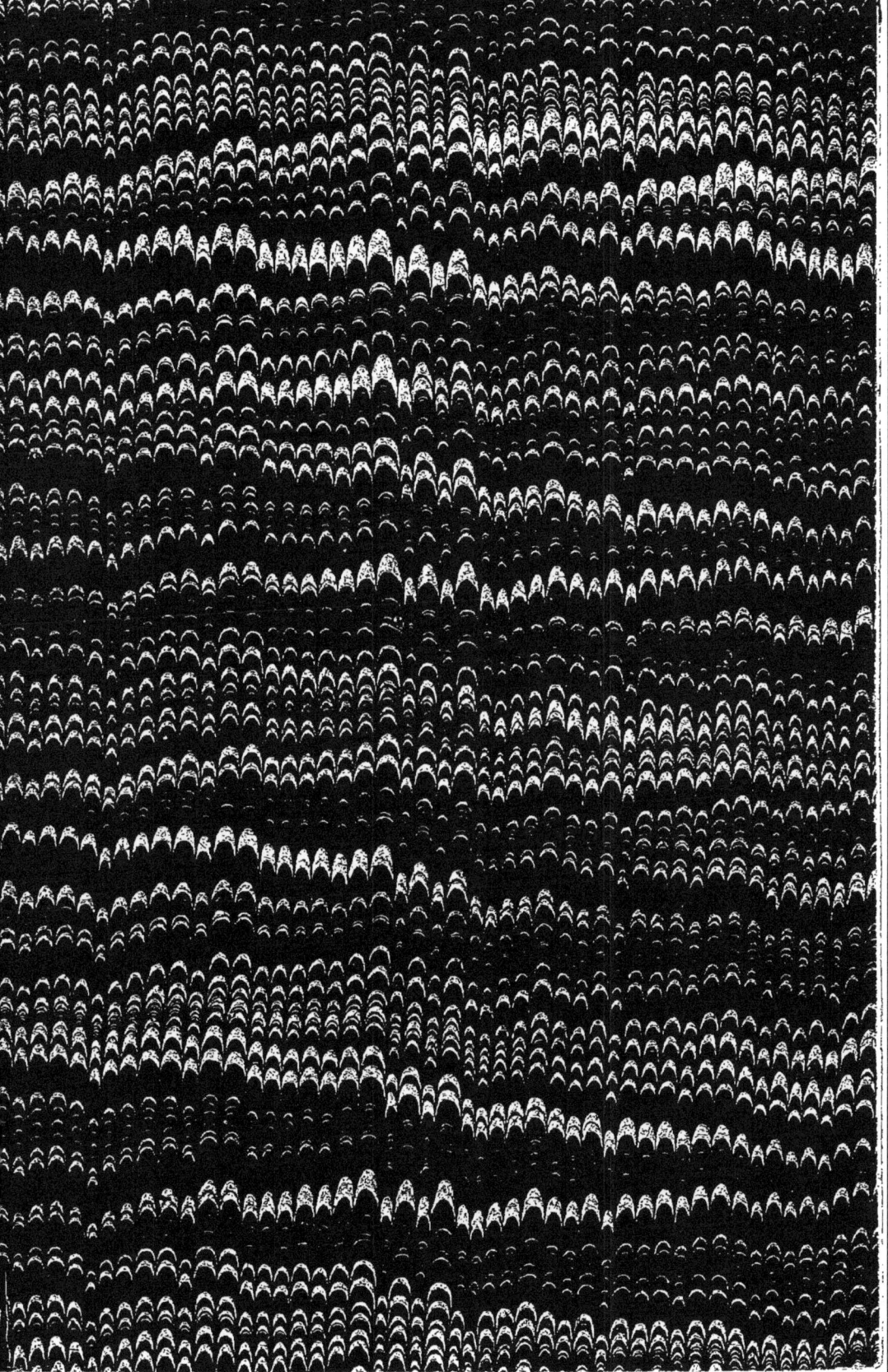

N·52204

Vente Jouvin
9 mai 1952
N°107
850f?

ACQUISITION
Nº 316623

J.-K. HUYSMANS

# CERTAINS

G. MOREAU — DEGAS — CHÉRET
WISTHLER — ROPS — LE MONSTRE — LE FER, etc.

PARIS
TRESSE & STOCK, ÉDITEURS
8, 9, 10, Galerie du Théâtre-Français.

1889

# CERTAINS

L'auteur et les éditeurs déclarent réserver leurs droits de traduction.

Ce volume a été déposé au Ministère de l'intérieur (section de la librairie) en octobre 1889.

## DU MÊME AUTEUR :

Le Drageoir aux Epices.
Marthe.
Les Sœurs Vatard.
En Ménage.
L'Art Moderne.
A Rebours.
A Vau l'eau.
Un Dilemme.
Croquis Parisiens.
En Rade.
Certains.

## EN PRÉPARATION :

Là-Bas.
Croquis allemands.

J.-K. HUYSMANS

# CERTAINS

G. MOREAU — DEGAS — CHÉRET
WISTHLER — ROPS — LE MONSTRE — LE FER, etc.

PARIS
TRESSE & STOCK, ÉDITEURS
8, 9, 10, Galerie du Théâtre-Français.

1889

*Il a été tiré à part, de cet ouvrage, 10 exemplaires sur papier de Hollande et 15 exemplaires sur papier du Japon, numérotés à la presse.*

*Du Dilettantisme. — Puvis de Chavanne. — Gustave Moreau. — Degas.*

L'un des symptômes les plus déconcertants de cette époque, c'est la promiscuité dans l'admiration. L'art étant devenu, comme le sport, une des occupations recherchées des gens riches, les expositions se suivent avec un égal succès, quelles que soient les œuvres qu'on exhibe, pourvu toutefois que les négociants de la presse s'en mêlent et que les étalages aient lieu dans une galerie connue, dans une salle réputée de bon ton par tous.

La vogue de ces amusettes s'explique.

D'abord, l'aridité des cerveaux dévolus aux gens du monde découvre dans la régulière parade des dessins et des toiles de frivoles ressources prêtes à alterner avec les discussions fripées de la politique et les tarissables potins sur le théâtre ; puis les lieux communs sur la peinture suppléent parfois aussi, le soir, aux cancans mondains et conjurent les somnolentes réflexions des parties de bouillotte ou les diplomatiques silences des joueurs de whist.

Enfin, — et cette raison suffirait à elle seule — visiter et soi-disant admirer les œuvres les plus différentes et les plus hostiles, implique une largeur d'esprit, une élasticité d'aise artistique, vraiment flatteuses.

En littérature, plus particulièrement, les connaisseurs sans préjugés foisonnent. Tout le monde, en effet, — et qui en doute ? — est expert à juger des phrases. Parfois, il se trouve des fossiles, des êtres arriérés, des bourgeois naïfs qui avouent ne pas être absolument sûrs de la véracité des appréciations qu'ils avancent sur la peinture ; d'aucuns conviennent, au besoin, que le sens musical leur échappe et vont même jusqu'à prétendre que les œuvres de Wagner ne sont peut-être pas tout à fait insanes, mais aucun n'a jamais confessé sa parfaite ineptie à comprendre une page de prose ou de vers. Prenez dans la masse de Paris les plus blasonnés des princes et les plus véreux des fruitiers du coin; choisissez, dans le tas, la plus vidangère des filles ou la baronne la plus en vue, et aussitôt une opinion, assise, voulue, raisonnée, ferme, s'échappera d'eux, à propos d'un livre. Jamais, au grand jamais, personne ne conviendra qu'il est absolument inapte à apprécier un art qui est cependant le plus compliqué, le plus verrouillé, le plus hautain de tous.

Au reste, qui de nous n'a vu parmi les papiers reliés que les bourgeois et les gens du monde appellent « leur bibliothèque » le côte à côte indécent d'un Ohnet et d'un Flaubert, d'un Goncourt et d'un Delpit? Qui ne s'est délicieusement senti remué, alors que le connaisseur jetait d'un ton négligent : « Moi, vous savez, je suis éclectique, tout m'intéresse, j'ai, là, sans restriction d'écoles, les spécimens d'art les plus divers. » Un jeune gentleman qui dit admirer très sincèrement l'*Assommoir* d'Emile Zola n'a-t-il pas tout récemment encore exprimé devant moi l'ardent désir que M. Sarcey, le sénile matassin, le cuistre pluvieux du *Temps*, réunisse enfin en un livre les éjaculations théâtrales de ses lundis!

Eh bien! ces individus sont des gens à esprit

ouvert, des fouille-au-pot délicats, des dilettanti !

Ah ! l'on a peut-être tout de même abusé de ce mot de dilettante, dans ces derniers temps ! Au fond, en laissant de côté le sens si vaniteusement faux qu'on lui prête, l'on arrive, en le serrant de près, à le décomposer, à le dédoubler en les deux réelles parties qui le composent :

— Imbécillité d'une part — lâcheté de l'autre.

Imbécillité pour les gens du monde ; lâcheté pour la presse qui les dirige.

Imbécillité, c'est-à-dire, au point de vue artistique qui nous occupe, non-sens complet de l'art, versatiles louanges tirées au petit bonheur, ainsi que des boules de loto, d'un sac, parfaite ignorance traduite par d'élogieux ponts-neufs.

Le plus décisif exemple de ce que j'avance nous a été fourni au point de vue pictural, il y a quelques ans. Les expositions de Delacroix et de M. Bastien Lepage se touchaient; les dames qui, comme chacun sait, s'intéressent vivement à la peinture — et la comprennent autant que la littérature — ce qui n'est pas peu dire ! — passaient, sans sourciller, de l'exposition des Beaux-Arts à l'exhibition de la maison Chimay, et regardaient avec une admiration égale l'entrée des Croisés à Constantinople de Delacroix et les bouvières d'opérettes costumées par le Grévin de cabaret, par le Siraudin de banlieue, qu'était M. Lepage. Les rengaines sévissaient : « On admire le beau où qu'il se trouve. Parce que Delacroix fut un grand peintre, est-ce une raison pour que M. Bastien n'en soit pas un autre ? » Et personne, non, personne ne tressaillait devant cette ridicule familiarité d'un office et d'un salon, devant cet incroyable coudoiement d'un laquais et d'un maître !

Mais ces gens-là sont des inconscients. Froidement, ils se promenaient, jaugeant l'œuvre des deux peintres à laquelle ils adjoindront certainement, dans leurs besoins d'éloges, celles de Lobrichonne et d'Adrienne Marie, alors que la mort arrêtera enfin le flux des sentimentales vignettes dont ces industrieuses personnes nous inondent !

Lâcheté, ce mot s'applique à la critique d'art. De même que le critique littéraire qui en fait métier, le critique d'art est généralement un homme de lettres qui n'a pu produire de son propre crû une véritable œuvre. Parmi eux, quelques-uns ont la vacuité de cervelle des gens du monde qu'ils envient et singent; leurs opinions sont dès lors connues. Mais, il en est d'autres, plus ouverts, plus rusés, qui professent, sous le nom de dilettantisme, la nécessité de ne pas se lier, le besoin de ne rien affirmer, la lâcheté, pour tout dire, de la pensée et l'hypocrisie de la forme.

Pour les critiques, c'est un terrain de rapport que ce fluctueux terrain sur lequel ils se meuvent. Vanter ou dénigrer les artistes morts; éviter de se compromettre, en parlant de ceux qui vivent; encenser en de sportulaires phrases les vaches à lait académiques des vieux prix; baladiner avec des thèses soumises et des idées en carte; débiter, sous prétexte d'analyse, les lieux communs les plus fétides, dans une langue limoneuse, simulant sous l'obscurité des incidentes la profondeur; tel est le truc. Le critique hésitant et satisfait, amorti et veule, qui manie cette pratique, est aussitôt réputé homme de goût, homme bien élevé, compréhensif et charmant, délicat et fin — ah! surtout, délicat et fin! C'est pour lui tout honneur et profit et j'imagine du reste que c'est là tout ce qu'il cherche.

Non, la vérité c'est qu'on ne peut comprendre l'art et l'aimer vraiment si l'on est un éclectique, un dilettante. L'on ne peut sincèrement s'extasier devant Delacroix si l'on admire M. Bastien Lepage; l'on n'aime pas M. Gustave Moreau si l'on admet M. Bonnat, et M. Degas si l'on tolère M. Gervex.

Heureusement que ce profitable état de dilettante a un revers; fatalement, dans ces excès de pusillanimité, dans ces débauches de prudence, la langue se débilite, coule, revient au style morne et plombé des Instituts, se liquéfie dans le verbe humide de M. Renan; car l'on n'a pas de talent si l'on n'aime avec passion ou si l'on ne hait de même; l'enthousiasme et le mépris sont indispensables pour créer une œuvre; le talent est aux sincères et aux rageurs, non aux indifférents et aux lâches.

Et combien y en a-t-il maintenant de peintres et qui peinent et qui ragent et qui souffrent sur leurs œuvres?

Un autre rapprochement curieux à noter encore. Une tentative de concubinage essayée, cette fois, par de jeunes écrivains dont la bonne foi ne saurait être mise en doute.

L'accolement « dans le raffiné » des noms de M. Puvis de Chavanne et de M. Moreau.

M. Puvis de Chavanne est un habitué des omnibus de l'art, car, chaque année, il ne manque point de s'installer en bien mauvaise compagnie, sur les cymaises. Comparé à ses voisins de banquettes, aux Boulanger, aux Cabanel, aux Gérome, aux Tony-Robert Fleury et aux Henner, ces fidèles intendants préposés à la garde des anciennes formules, ces vigilants conservateurs du musée de la clicherie humaine, il apparaît comme un peintre extraordinaire, presque comme un foudre. Sa fresque de Sainte-Geneviève détonne, en effet, dans ce Panthéon où s'entassent des peintures qui ont une aimable couleur d'enseignes pourléchées par des vitriers probes ; elle est, au moins honorable, et celles qui couvrent les murailles du Musée d'Amiens valent aussi qu'on les cite. J'ajoute que lorsqu'il daigne ne pas dérouler dans les salons officiels des voiles de trois-mâts, parfois il plaît.

Tel son « pauvre pêcheur, » telle surtout sa

petite toile « l'automne » ainsi figurée : une femme debout dans un bois cueille des grappes de raisins et les dépose dans une corbeille que lui tend une autre femme ; une troisième, assise, sourit et les regarde. Dans la maladive pâleur de ce tableau, une robe déroulait un lilas d'un ton charmant et une association de verts laiteux de feuilles et de blancheurs florales de chairs caressait l'œil irrité par les criardes mesquineries des œuvres qui l'entouraient.

Ces femmes, avec leurs poses élancées et leurs yeux bleus de poupées étonnées, paraissaient si bizarres, si vagues, au milieu de ce troupeau de femelles échappées des ateliers de ses confrères et réunies dans le parc des Champs-Élysées à sons de cornes !

Mais si M. Puvis de Chavanne a quelquefois exposé quelques toiles pas trop élimées, quelques charpies quasi fraîches, il ne faudrait cependant pas affirmer qu'il a apporté en art une nouvelle note.

Il a tenté, en 1887, un lourd effort qui résume son œuvre, alors qu'il exposa une grande machine destinée à l'amphithéâtre de la Sorbonne.

Cet interminable carton m'apparut comme le gala présomptueux d'une antique panne, comme une œuvre lente et figée, laborieuse et fausse. C'était l'œuvre d'un rusé poncif, d'un gourmand ascète, d'un éveillé Lendore; c'était l'œuvre aussi d'un infatigable ouvrier qui, travaillant dans les articles confiés aux oncles de l'art, pourrait être réputé prud'homme et sage maître si la sotte emphase d'une critique en vogue ne s'évertuait à le proclamer grand artiste original et grand poète. Comparer M. Puvis et M. Gustave Moreau, les marier, alors qu'il s'agit de raffinement, les confondre en une botte d'admiration unique, c'est commettre vraiment une des plus obséquieuses hérésies qui se puissent voir. M. Gustave Moreau a rajeuni les vieux suints des sujets par un talent tout à la fois subtil et ample; il a repris les mythes éculés par les rengaînes des siècles et il les a exprimés dans une langue persuasive et superbe, mystérieuse et neuve. Il a su d'éléments épars créer une forme qui est maintenant à lui. M. Puvis de Chavanne n'a rien su créer. Il ne s'est pas abstenu comme M. Moreau des tricheries académiques, des vénérables dols; il a détroussé les Primitifs Italiens, les pastichant même, d'une façon absolue, parfois ; là, où les gens du moyen âge étaient croyants et naïfs, il a apporté la singerie de la foi, le retors de la simplesse ; au fond, c'est un bon vivant dont le famélisme de peinture nous dupe, c'est un vieux rigaudon qui s'essaie dans les requiem !

*<sub></sub>*<sub></sub>*

Éloigné de la cohue qui nous verse, à chaque mois de Marie, l'ipéca spirituel du grand art, M. Gustave Moreau n'a plus, depuis des années, immobilisé de toiles sous les mousselines qui sèchent, en pavillonnant, de même que de misérables dais, dans les hangars vitrés du palais de l'Industrie.

Il s'est également abstenu des exhibitions mondaines. La vue de ses œuvres, confinées chez quelques commerçants, est donc rare ; en 1886, cependant, une série de ses aquarelles fut exposée par les Goupil dans leurs galeries de la rue Chaptal.

Ce fut dans la salle qui les contint un autodafé de ciels immenses en ignition ; des globes écrasés de soleils saignants, des hémorragies d'astres coulant en des cataractes de pourpre sur des touffes culbutées de nues.

Sur ces fonds d'un fracas terrible, de silencieuses femmes passaient, nues ou accoutrées d'étoffes serties de cabochons comme de vieilles reliures d'évangéliaires, des femmes aux cheveux de soie floche, aux yeux d'un bleu pâle, fixes et durs, aux chairs de la blancheur glacée des laites ; des Salomés tenant, immobiles, dans une coupe, la tête du Précurseur qui rayonnait, macérée dans le phosphore, sous des quinconces aux feuilles tondues, d'un vert presque noir ; des déesses chevauchant des hippogriffes et rayant du lapis de leurs ailes l'agonie des nuées ; des idoles féminines, tiarées, debout sur des trônes aux marches submergées par d'extraordinaires fleurs ou assises, en des poses rigides, sur des éléphants, aux fronts mantelés de verts, aux poitrails chappés d'orfroi, couturés ainsi que de sonnailles de cavalerie, de longues perles, des éléphants qui piétinaient leur pesante image que réfléchissait une nappe d'eau éclaboussée par les colonnes de leurs jambes cerclées de bagues !

Une impression identique surgissait de ces

scènes diverses, l'impression de l'onanisme spirituel, répété, dans une chair chaste ; l'impression d'une vierge, pourvue dans un corps d'une solennelle grâce, d'une âme épuisée par des idées solitaires, par des pensées secrètes, d'une femme, assise en elle-même, et se radotant, dans de sacramentelles formules de prières obscures, d'insidieux appels aux sacrilèges et aux stupres, aux tortures et aux meurtres.

Loin de cette salle, dans la morne rue, le souvenir ébloui de ces œuvres persistait, mais les scènes ne paraissaient plus en leur ensemble ; elles se disséminaient, dans la mémoire, en leurs infatigables détails, en leurs minuties d'accessoires étranges. L'exécution de ces joyaux aux contours gravés dans l'aquarelle comme avec des becs écrasés de plumes, la finesse de ces plantes aux hampes enchevêtrées, aux tiges patiemment enlacées, brodées de même que les guipures des rochets autrefois ouvrés pour les prélats, le jet de ces fleurs tenant par leurs formes de l'orfèvrerie religieuse et de la flore d'eau, des nénuphars et des pyxides, des calices et des algues, toute cette surprenante chimie de couleurs suraiguës, arrivées à leurs portées extrêmes, montaient à la tête et grisaient la vue qui titubait, abasourdie, sans les voir, le long des maisons neuves.

A la réflexion, alors qu'on se promenait, que l'œil rasséréné regardait, voyait cette honte du goût moderne, la rue ; ces boulevards sur lesquels végètent des arbres orthopédiquement corsetés de fer et comprimés par les bandagistes des ponts et chaussées, dans des roues de fonte ; ces chaussées secouées par d'énormes omnibus et par des voitures de réclame ignobles ; ces trottoirs remplis d'une hideuse foule en quête d'argent, de femmes dégradées par les gésines, abêties par d'affreux négoces, d'hommes lisant des journaux infâmes ou songeant à des fornications et à des dols le long de boutiques d'où les épient pour les dépouiller, les forbans patentés des commerces et des banques, l'on comprenait mieux encore cette œuvre de Gustave Moreau, indépendante d'un temps, fuyant dans les au delà, planant dans le rêve, loin des excrémentielles idées, secrétées par tout un peuple.

Et en effet, quand le moment est définitivement venu où l'argent est le Saint des Saints devant lequel toute une humanité, à plat ventre, bave de convoitise et prie ; quand un pays avarié par une politique accessible à tous, suppure par tous les abcès de ses réunions et de sa presse ; quand l'art méprisé se ravale de lui-même au niveau de l'acheteur ; quand l'œuvre artiste, pure, est universellement considérée comme le crime de lèse-majesté d'un vieux monde, soûlé de lieux communs et d'ordures, il arrive fatalement que quelques êtres, égarés dans l'horreur de ces temps, rêvent à l'écart et que de l'humus de leurs songes jaillissent d'inconcevables fleurs d'un éclat vibrant, d'un parfum fiévreux et altier, si triste ! — La théorie du milieu, adaptée par M. Taine à l'art est juste — mais juste à rebours, alors qu'il s'agit de grands artistes, car le milieu agit sur eux alors par la révolte, par la haine qu'il leur inspire ; au lieu de modeler, de façonner l'âme à son image, il crée dans d'immenses Boston, de solitaires Edgar Poe ; il agit par retro, crée dans de honteuses Frances des Baudelaire, des Flaubert, des Goncourt, des Villiers de l'Isle Adam, des Gustave Moreau, des Redon et des Rops, des êtres d'exception, qui retournent sur les pas des siècles et se jettent, par dégoût des promiscuités qu'il leur faut subir, dans les gouffres des âges révolus, dans les tumultueux espaces des cauchemars et des rêves.

Soyez certains encore que les artistes dont la cervelle est peu nomade, dont l'imagination casanière se rive à l'époque actuelle, n'éprouvent pas une exécration moins vive, un mépris moins sûr, s'ils sont des esprits supérieurs et non de ces âmes subalternes auxquelles s'adapte seule la méthode inaugurée par M. Taine.

Alors leur art évolue d'une façon différente; il se concentre, se piète sur place et, dans des œuvres narquoises ou féroces, ils peignent ce milieu qu'ils abominent, ce milieu dont ils scrutent et expriment les laideurs et les hontes.

Et c'est le cas de M. Degas.

Ce peintre, le plus personnel, le plus térébrant de tous ceux que possède, sans même le soupçonner, ce malheureux pays, s'est volontairement exilé des exhibitions particulières et des lieux publics. Dans un temps où tous les peintres se ventrouillent dans l'auge des foules, il a, loin d'elle, parachevé en silence, d'inégalables œuvres.

Quelques-unes furent, comme un insultant adieu exposées, en 1886, dans une maison de la rue Laffitte.

C'était une série de pastels ainsi notifiés dans le catalogue : « Suite de nus de femmes se baignant, se lavant, se séchant, s'essuyant ou se faisant peigner. »

M. Degas qui, dans d'admirables tableaux de danseuses, avait déjà si implacablement rendu la déchéance de la mercenaire abêtie par de mécaniques ébats et de monotones sauts, apportait, cette fois, avec ses études de nus, une attentive cruauté, une patiente haine.

Il semblait qu'excédé par la bassesse de ses voisinages, il eût voulu user de représailles et jeter à la face de son siècle le plus excessif outrage, en culbutant l'idole constamment ménagée, la femme, qu'il avilit lorsqu'il la représente, en plein tub, dans les humiliantes poses des soins intimes.

Et afin de mieux récapituler ses rebuts, il la choisit, grasse, bedonnante et courte, c'est-à-dire noyant la grâce des contours sous le roulis tubuleux des peaux, perdant, au point de vue plastique, toute tenue, toute ligne, devenant dans la vie, à quelque classe de la société qu'elle appartienne, une charcutière, une bouchère, une créature, en un mot, dont la vulgarité de la taille et l'épaisseur des traits suggèrent la continence et décident l'horreur !

Ici, c'est une rousse, boulotte et farcie, courbant l'échine, faisant poindre l'os du sacrum sur les rondeurs tendues des fesses ; elle se rompt, à vouloir ramener le bras derrière l'épaule afin de presser l'éponge qui dégouline sur le rachis et clapote le long des reins ; là, c'est une blonde, ramassée, trapue et debout, nous tournant également le dos ; celle-là a terminé ses travaux d'entretien et, s'appuyant les mains sur la croupe, elle s'étire dans un mouvement plutôt masculin d'homme qui se chauffe devant une cheminée, en relevant les pans de sa jaquette ; là encore, c'est une dondon accroupie ; elle penche tout d'un côté, se soulève sur une jambe, passe en-dessous le bras, s'atteint dans le cuveau de zinc ; une dernière enfin, vue, cette fois, de face, s'essuie le haut du ventre.

Telles sont, brièvement citées, les impitoyables

poses que cet iconoclaste assigne à l'être que d'inanes galanteries encensent. Il y a, dans ces pastels, du moignon d'estropié, de la gorge de sabouleuse, du dandillement de cul-de-jatte, toute une série d'attitudes inhérentes à la femme même jeune et jolie, adorable couchée ou debout, grenouillarde et simiesque, alors qu'elle doit comme celle-ci, se baisser, afin de masquer ses déchets par ces pansages.

Mais en sus de cet accent particulier de mépris et de haine, ce qu'il faut voir, dans ces œuvres, c'est l'inoubliable véracité de ces types enlevés avec un dessin ample et foncier, avec une fougue lucide et maîtrisée, ainsi qu'avec une fièvre froide; ce qu'il faut voir c'est la couleur ardente et sourde, le ton mystérieux et opulent de ces scènes; c'est la suprême beauté des chairs bleuies ou rosées par l'eau, éclairées par des fenêtres closes vêtues de mousselines, dans des chambres sombres où apparaissent, en un jour voilé de cour, des murs tapissés de cretonnes de Jouy, des lavabos et des cuvettes, des flacons et des peignes, des brosses à couvertes de buis, des bouillottes de cuivre rose!

Ce n'est plus la chair plane et glissante, toujours nue des déesses, cette chair dont la plus inexorable formule figure dans un tableau de Régnault, au musée Lacaze, un tableau où l'une des trois Grâces arbore un fessier de percale rose et huilé, éclairé en dedans par une veilleuse, mais c'est de la chair déshabillée, réelle, vive, de la chair saisie par les ablutions et dont la froide grenaille va s'amortir.

Parmi les gens qui visitaient cette exposition, d'aucuns, en présence de celle de ces femmes qui est vue, accroupie, de face, et dont le ventre s'exonère des habituelles fraudes, s'écriaient, indignés par cette franchise, poignés quand même par la vie émanée de ces pastels. En fin de compte, ils échangeaient quelques réflexions honteuses ou dégoûtées, lâchaient au départ le grand mot : c'est obscène !

Ah ! si jamais œuvres le furent peu ; si jamais œuvres furent, sans précautions dilatoires et sans ruses, pleinement, décisivement chastes, ce sont bien celles-ci ! — Elles glorifient même le dédain de la chair, comme jamais, depuis le moyen âge, artiste ne l'avait osé !

Et cela va même plus loin, car ce n'est pas un dédain révisable d'homme, c'est bien plutôt l'exécration pénétrante, sûre, de quelques femmes pour les joies déviées de leur sexe, une exécration qui les fait déborder de raisons atroces et se salir, elles-mêmes, en avouant tout haut l'humide horreur d'un corps qu'aucune lotion n'épure !

Artiste puissant et isolé, sans précédents avérés, sans lignée qui vaille, M. Degas suscite encore dans chacun de ses tableaux la sensation de l'étrange exact, de l'invu si juste qu'on se surprend d'être étonné, qu'on s'en veut presque ; son œuvre appartient au réalisme, tel que ne pouvait le comprendre la brute que fut Courbet, mais tel que le conçurent certains des Primitifs, c'est-à-dire à un art exprimant une surgie expansive ou abrégée d'âme, dans des corps vivants, en parfait accord avec leurs alentours.

*Bartholomé. — Raffaëlli. — Stevens. — Tissot. — Wagner. — Cézanne. — Forain.*

Dans la solennelle infamie des salons de Mai, deux toiles :

Une récréation de M. Bartholomé, ainsi conçue : des petites filles jouent dans un préau autour duquel court un hangar soutenu par des piliers de fonte et coiffé de tuiles rouges. Au fond, un arbre poussé de travers, un pan de mur qui se profile sur un champ pommelé de ciel. Un coup de soleil divise la cour en deux parts : l'une éclairée, l'autre perdue dans l'ombre.

Au premier plan, six fillettes se tiennent la main et s'apprêtent à tourner en rond. La chaîne est interrompue par l'une d'elles, qui renoue le cordon de sa chaussure; plus loin, d'autres se lancent et se renvoient des balles, tandis que, dessinant un A renversé sur sa pointe avec leurs pieds réunis et arcs-boutés sur le sol, leurs corps renversés en arrière, écartés à droite et à gauche comme les deux jambages de la lettre et reliés au milieu par la barre des bras, deux bambines, les mains enlacées, se préparent à pivoter éperdûment sur place.

D'autres, enfin, grimpent sur des bancs pour une partie de chat-perché, et, dans l'ombre du hangar, passe la silencieuse silhouette d'une méditante sœur.

Ce qu'il faut tout d'abord relever, c'est l'observation précise du peintre. Ces enfants sont saisies, piquées sur la toile, sans tricheries ni dols. A ce point de vue, les fillettes, qui tendent encore la main à leur camarade si naturellement courbée sur sa chaussure, sont décisives ; — puis, prenez chacune d'elles à part et voyez combien les tempéraments s'accusent. — Ici, une petite, maigriotte, pauvre de sang, intéressante par sa mine fûtée, anoblie presque par sa chétivité et sa pâleur; là, une autre plus membrue, plus mastoque, plus tachée de sons; là encore, une autre dont la figure est déjà faite : son visage de trente ans est prêt; plusieurs sont dans ce cas fréquent, du reste, parmi les enfants du peuple. Et, dans cette joie d'une sortie de classe, dans ce délassement de cris et de rires, dans ces transports de courses et de danses, les traits endormis s'éveillent, les physionomies effacées s'accusent, les laides même deviennent charmantes. De la toile à peine couverte s'évapore comme une puberté de grâces simples.

Ajoutez enfin que la peinture est lumineuse et gaie, que la couleur parfois un peu timide du peintre s'est enhardie et qu'avec les teintes neutres des tabliers et le bleu ou le lilas des robes, avec ces touffes de cheveux tombant en natte sur le col ou nouées en paquet d'échalotes sur la nuque, ces cheveux de blondines qui se fonceront plus tard, il est parvenu à moduler une mélodie d'une plaisance de tons exquise.

Une autre de M. Raffaëlli : « La belle matinée. » Dans un lit capitonné, en bois blanc laqué, Louis XV, une femme dort ; le livre qu'elle parcourait est là, ouvert, sur la place vide du lit, près de l'oreiller désert qui l'avoisine; le monsieur s'est levé et sans doute a fui; la femme, lasse, s'est rendormie. Ce qui étonne dans cette œuvre, c'est l'extrême véracité de cette femme qui, la tête un peu renversée, souffle doucement, les cheveux dénoués, le cou un peu tendu, les paupières talées, les membres las; puis tout le ragoût du lit qui nous fait face, avec ses oreillers, ses draps, est épicé vraiment à point. C'est un hymne blanc, un hymne dans lequel le peintre a trahi le symbole de la couleur chaste, hystérisé la candeur, imprégné de volupté la fraîcheur des tons communiants, cantharidé les teintes évangéliques, les nuances d'épithalame! Œuvre d'une distinction mitoyenne, voulue, œuvre précise, d'un réalisme absolu, d'une observation acérée, d'une vigueur intense, ce tableau détonne, dans la pièce où il chante à tue-tête son hosanna libertin des blancs, au milieu des antiennes multicolores moulues par les orgues de Barbarie de ses confrères.

De M. Raffaëlli, mais exposées, cette fois, avec

des paysages de Jersey, chez M. Georges Petit, d'extraordinaires aquarelles reproduites dans le numéro du *Paris-Café-Concert*, édité par M. Baschet.

L'une d'elles nous montre un quadrille aux Ambassadeurs : deux blanchisseuses qui ont lâché le fer à repasser, le « gendarme, » deux lavasses roulées sur tous les canapés sans ressort des marchands de vins, secouent, les pieds au ciel, dans un furieux chahut, l'étal mouillé de leurs chairs ; et il faut voir le sourire carnassier de ces bouches, la danse de ces fanons, le cancan de ces yeux de filles à trois francs, qui allument le fond des corridors ou attirent, pour de courtes besognes, dans la nuit des terrains vagues !

Les deux hommes qui leur servent de vis-à-vis sont encore plus turpides ; l'un d'eux tord une gueule de garçon de cuvette et l'autre un mufle de camelot ou d'acteur; eux aussi se dégingandent, battent avec les moulinets de leurs bras une rémolade de poussière dans les jets de gaz, font avec les manches de veste de leurs jambes les digue-digue-don d'une crampe atroce.

C'est de l'élixir de crapule, de l'extrait concentré d'urinoir transporté sur une scène, de la quintessence de berge, de dessous de pont, enrobée dans une musique poivrée de cymbales et salée de cuivres.

Peintre des paysages suburbains dont il a, seul, rendu les plaintives déshérences et les dolentes joies, M. Raffaëlli a voulu suivre la créature humaine échappée de la banlieue et jetée en pâture sur des tréteaux, aux ruts oculaires des quartiers riches; et sous les paillons de ce carnaval, sous les teintures de ces faces, sous l'emphase de ces ventres en sortie et de ces tétons sautés, il a retrouvé la canaillerie alcoolique des gestes, l'indécence intéressée des yeux et il les a peintes, comme vues au travers d'un tempérament d'Anglais, d'un pinceau naïf et féroce, brutal et dur.

*\*\**

## STEVENS

Je m'explique décidément mal cette présomption des Belges de qualifier, depuis des années,

M. Stevens de « grand peintre de la vie moderne. »

De ses doigts lourdauds il lapidifie les légers chiffons qu'il touche et sourdement il éclaire, de la lanterne glacée de son gros œil, des petites femmes qui ne sont plus des Flamandes et qui ne seront jamais des Parisiennes.

Et puis, quelle vision superficielle des élégances de ce Paris qu'il peint ! Dans des intérieurs généralement déformés par de la porcelaine et de la quincaillerie japonaises, il campe en des poses sentimentales des modèles d'atelier qu'il affuble d'oripeaux durs. Cela représente la femme du monde, la Parisienne riche.

Dans cette série de minauderies belges, une exception eut lieu pourtant. M. Stevens exposa, un jour, chez M. Georges Petit, un portrait de fille : sur un fond sardiné s'enlevait une tête vannée, aux chairs retenues par des mastics, reconstituées par des cold-cream et des graisses. Sous une perruque rousse se liquéfiait un œil bleu, las et rosse. Cela sentait non la luxure des noces partagées, mais l'épuisement de l'acte sans aide, de la caresse sans prière, du péché muet. Un peu d'âme était montée à la face de ce portrait ; c'était authentique et curieux. M. Stevens avait eu tout à coup la grâce, cette grâce de l'art qui, plus fugitive que la grâce divine, délaisse les gens après une bonne œuvre et les remet là où elle les a pris, dans la profitable boutique des succès bourgeois et des achats sûrs.

*\*\**

## J. TISSOT

En dépit des sourdes révoltes que soulevaient en moi leurs rigides manigances, j'ai longtemps aimé les eaux-fortes de M. Tissot. D'aucunes me sollicitaient par leur ferme aplomb, par leur solide assise de planches méthodiques, d'architecture, si l'on peut dire, par leur ton sépiacé largement gravé dans du papier fort. Telles ses miss sur des ponts de paquebot penchés ou en compagnie d'un soldat à bonnet à poil dans une barque. Il y avait là un sentiment spécial du moderne anglais. C'étaient des eaux-fortes protestantes, un peu lourdes, mais rendant parfois un amusant entour de cordages et de vergues, des fonds de Tamise, sur lesquels se détachaient quelques grandes filles un peu godiches, quelques femmes bornées d'esprit mais de chairs saines.

Malheureusement, M. Tissot a jugé bon de passer la Manche et d'exposer à Paris de la peinture, et pas plus que M. Stevens, moins encore, il n'était de taille à s'attaquer à la femme élégante en France. Ses Parisiennes exhibées chez M. Sedelmeyer étaient issues de l'accouplement d'un Savoyard et d'une Jane Bull ; les poses étaient nigaudes et, malgré toutes ses simagrées, l'exécution était nulle. Ajoutons qu'elles n'étaient pas isolées dans son œuvre, car il exhuma jadis, en 1883, je crois, dans le désert du Musée des Arts décoratifs, toute une série d'aquarelles et d'huiles et jamais je ne vis rien de plus pénible, de plus cinéraire et de plus morne que les châssis de cet homme qui avait été quelquefois libre et coloré dans ses grandes planches.

A propos de ses hauts pastels qui figuraient aussi dans ces salles — une nourrice et un enfant entre autres — je n'ai pu m'empêcher de songer aux agaçantes frivolités de cette infidèle soubrette de la couleur, à M. de Nittis, mais à une soubrette, assagie par l'épargne et par l'âge et devenue, en s'incarnant en M. Tissot, une matrone revêche, une Madame pète-sec, à menton carré et à gros os.

\*\*\*

## WAGNER

Quelle singulière toile nous révéla la première Exposition des Indépendants qui s'ouvrit, en 1884, dans les baraques des Tuileries !

Dans un jour crépusculaire, ce jour qui éclaire les cauchemars des nuits mauvaises, aux sommeils concassés et sans repos, l'on entrevoyait une moitié de cirque, et des clowns pareils à des ombres jonglaient ou tenaient au bout du bras ces cerceaux de papier que les écuyères crèvent.

Ces clowns vivaient d'une vie fluide, étrange : on eût dit des spectres passant dans un cirque mort ; c'était devant ce tableau un malaise d'art qui s'accroissait alors que, contemplant ces figures, on les voyait s'animer et sourire avec des yeux mortellement tristes.

Aucun renseignement sur le catalogue ; le tableau ne portait aucun titre à la suite de ce nom : « Wagner ». Ni prénoms, ni lieu de naissance, ni adresse, rien.

Je me suis souvent demandé quel pouvait être cet homme qui n'avait jamais exposé jusqu'alors et qui n'a plus jamais exposé depuis. Mais personne, parmi les littérateurs et les peintres, ne le connaissait. Longtemps après, il me fut dit, au hasard d'une conversation, un soir : « A propos, j'ai entendu parler, par un monsieur dont j'ignore jusqu'au nom, de ce Wagner dont l'œuvre vous préoccupe ; eh bien ! il paraît que ce peintre est un malheureux qui a été et qui est encore, je crois, lutteur dans les foires et clown. » Si c'était vrai, pourtant !

Mais alors, comment expliquer la maladive élégance de cette peinture noyée de rêve, le douloureux et délicat murmure de cet art réalisé par un paillasse qui fait les poids ?

\*\*\*

## CÉZANNE

En pleine lumière, dans des compotiers de

porcelaine ou sur de blanches nappes, des poires et des pommes brutales, frustes, maçonnées avec une truelle, rebroussées par des roulis de pouce. De près, un hourdage furieux de vermillon et de jaune, de vert et de bleu ; à l'écart, au point, des fruits destinés aux vitrines des Chevet, des fruits pléthoriques et savoureux, enviables.

Et des vérités jusqu'alors omises s'aperçoivent, des tons étranges et réels, des taches d'une authenticité singulière, des nuances de linge, vassales des ombres épandues du tournant des fruits et éparses en des bleutés possibles et charmants qui font de ces toiles des œuvres initiatrices, alors que l'on se réfère aux habituelles natures-mortes enlevées en des repoussoirs de bitume, sur d'inintelligibles fonds.

Puis des esquisses de paysages en plein air, des tentatives demeurées dans les limbes, des essais aux fraîcheurs gâtées par des retouches, des ébauches enfantines et barbares, enfin, de désarçonnants déséquilibres : des maisons penchées d'un côté, comme pochardes ; des fruits de guingois dans des poteries saoûles ; des baigneuses nues, cernées par des lignes insanes mais emballées, pour la gloire des yeux, avec la fougue d'un Delacroix, sans raffinement de vision et sans doigts fins, fouettées par une fièvre de couleurs gâchées, hurlant, en relief, sur la toile appesantie qui courbe!

En somme, un coloriste révélateur, qui contribua plus que feu Manet au mouvement impressionniste, un artiste aux rétines malades, qui, dans l'aperception exaspérée de sa vue, découvrit les prodromes d'un nouvel art, tel semble pouvoir être résumé, ce peintre trop oublié, M. Cézanne.

Il n'a plus exposé depuis l'année 1877, où il exhiba, rue Le Pelletier, seize toiles dont la parfaite probité d'art servit à longuement égayer la foule.

*\*\**

## J.-L. FORAIN

M. Forain est maintenant connu; les journaux s'achalandent sur son nom; ses aquarelles s'acquièrent à des prix fermes; il n'est plus besoin de certifier, comme je le fis autrefois, l'apport ignoré de son talent neuf; je n'ai donc que quelques notes à joindre à celles que j'ai réunies dans mon livre : « L'Art Moderne. »

Sorti de l'Ecole des Beaux-Arts et ayant même passé, je crois, par l'atelier de feu Carpeaux, M. Forain n'eut en réalité que deux maîtres, Manet et M. Degas. Bien que la filiation de Manet surtout puisse être soupçonnée dans ses premières œuvres qu'il signait d'un paraphe maintenant aboli, débutant par un L et un F emboîtés, en forme de 4, elle est devenue presque aussitôt problématique et quasi nulle. M. Forain eut, en somme, l'inespérable chance de ne ressembler à personne, dès ses débuts.

De ce temps datent des aquarelles étranges; quelques-unes, usant de perspectives japonaises, prêtant, presque toutes, à la créature humaine une certaine roideur ironique, de bon ton, bizarre. Je me rappelle dans un jardin une jeune mère, effilée, droite, aux traits laconiques, au buste sortant d'un paletot mastic, conduisant par la main un enfant dont la très simple attitude du corps tourné sur le poignet était charmante; de la même époque, quelques dessins parus dans *La République de Lettres* : l'un, un intérieur de salon, avec des messieurs chauves et diserts, aux allures différentes et pourtant pareilles; l'autre, une salle de cabaret, avec des ouvriers tout en barbes et en pipes, et une fille passsionnément vautrée sur un voyou froid; un autre dessin inséré, en 1876, dans la *Cravache*, était merveilleux encore. Il était intitulé « L'Amant d'Amanda » et formait une parodie du groupe « Gloria Victis, » de M. Mercié, avec un gommeux rigide, mi-mort, la tête en arrière, soulevé par une exquise femme qui tenait tout à la fois de la poupée et de la maraudeuse !

Puis cette saveur spéciale, dure, presque naïve, verte, si l'on peut dire, s'effaça; sous l'influence de M. Degas, toute une technique plus compliquée parut. Alors, il fit, en d'extraordinaires aquarelles rehaussées de gouaches, des scènes de coulisses et de cafés-concerts, de bordeaux et de bars; il apprêta des ragoûts de couleurs studieusement épicés, mit à de friandes sauces des nudités, obtint, par des mariages et des heurts inattendus de tons des effets inouïs, atteignit la nuance vraiment exacte, par l'observation attentive des reflets et des ombres, par la science absolue des adjuvants et des fontes.

Ainsi armé, M. Forain a voulu faire ce que le Guys, révélé par Baudelaire, avait fait pour son époque : peindre la femme où qu'elle s'affirme, dans les lieux où elle travaille, et il a naturellement peint aussi l'éternel comparse de la vieille farce, le Hulot moderne ou le jeune jobard en quête d'un renom mondain. A coup sûr, personne n'a mieux que lui, dans d'inoubliables aquarelles, décrit la fille ; personne n'a mieux rendu les tépides amorces de ses yeux vides, l'embûche polie de son sourire, l'émoi parfumé de ses seins, le glorieux dodinage de son chignon trempé dans les eaux oxygénées et les potasses ; personne, enfin, n'a plus justement exprimé la délicieuse horreur de son masque rosse, ses élégances vengeresses des famines subies, ses dèches voilées sous la gaieté des falbalas et l'éclat des fards.

En sus de ses qualités d'observation aiguë, de son dessin délibéré, rapide, concisant l'ensemble, avivant le soupçon, forant d'un trait jusqu'aux dessous, il a apporté, en art, la sagace ironie d'un Parisien narquois.

C'est grâce, sans doute, à cette orientation

d'un esprit net et blagueur, très élagué de toute chimère, qu'il dut d'avoir trouvé, pour les dessins des journaux où il logeait, d'audacieuses légendes, parfois cruelles, souvent même presque comminatoires pour les ridicules gredineries de ces temps fous.

*Chéret.*

Si j'étais l'homme qui incarne si formellement le goût du siècle, l'homme qui secrète la pensée de tout le monde et qui, par conséquent, professe pour l'art une insatiable haine, si j'étais M. Alphand, je voudrais interdire l'affichage des œuvres de M. Chéret, le long des murs.

Elles gâtent, en effet, la taciturne tristesse de nos rues; à l'heure qu'il est, les ingénieurs ont démoli les quelques maisons, les quelques sentes qui pouvaient demeurer aimables; tous les coins intimes ont disparu, tous les vestiges des anciens âges sont tombés, tous les jardins sont morts; le boulevard Saint-Germain, l'avenue de Messine s'imposent comme le type du Paris moderne; nous ne verrons bientôt plus que des rues rectilignes, coupées au cordeau, bordées de maisons glaciales, de bâtisses peintes au lait de chaux, d'édifices plats et mornes, dont l'aspect dégage un ennui atroce.

L'irrémédiable sottise des architectes a, du reste, ardemment suivi l'idéal casernier des ingénieurs; le public est enfin satisfait car aucune œuvre d'art n'offusquera plus désormais sa vue. Il est d'ailleurs convaincu que Paris est sain. Jadis les rues étaient étroites et les logis vastes, maintenant les rues sont énormes et les chambres microscopiques et privées d'air; l'espace demeure le même, mais se répartit de façon autre; il paraît qu'au point de vue de l'hygiène, cela constitue un exorbitant bénéfice.

Toujours est-il que sur cette teinte générale, d'un gris morose, les affiches de M. Chéret détonnent et qu'elles déséquilibrent, par l'intrusion subite de leur joie, l'immobile monotonie d'un décor pénitentiaire enfin posé; cette dissonance compromet l'ensemble de l'œuvre réalisée par M. Alphand.

Autrefois, en effet, les placards en couleur affichés sur les palissades des maisons en construction ou le long des murs étaient d'une telle laideur qu'en dépit de leurs tons crus, ils s'harmonisaient avec la teinte des alentours. La tristesse sourde et le cri coriace se mariaient à peu près, faisaient presque bon ménage, ne blessaient pas, en tout cas, par un faux accord. M. Chéret a changé cela; mais, on peut le dire, lui ou la rue, l'un des deux tel qu'il est, n'a pas de raison d'être.

Il est, on le conçoit, impossible de rendre compte, par le menu, de l'œuvre de M. Chéret qui a dessiné des milliers d'affiches, qui, dans ce journalisme, au jour le jour, de la peinture, s'est révélé véritable écrivain, très authentique peintre. Je ne puis donc que noter, en examinant quelques-unes de ses planches, les très spéciales qualités qu'elles décèlent.

M. Chéret a d'abord le sens de la joie, mais de la joie telle qu'elle se peut comprendre sans être abjecte, de la joie frénétique et narquoise, comme glacée de la pantomime, une joie que son excès même exhausse, en la rapprochant presque de la douleur.

Plusieurs de ses affiches l'attestent. Qui ne se rappelle, parmi ses nombreuses illustrations, celles qui célèbrent le Pierrot, ce Pierrot en habit noir qu'il arbora le premier et qu'a repris, à sa suite, M. Willette ? Qui ne se rappelle l'incompressible gaieté de son Agoust conduisant la pantomime des Hanlon-Lees, dans Do mi sol do ? Cet homme, en maillot vermillon, agitant un crâne piriforme surmonté de deux touffes de cheveux en escalade, projetant les yeux hors du front, tordant sa bouche en fer à cheval, dans un rire d'hospice, s'enlevait en l'air, et fouettait à tour de bras, le délire de l'orchestre au-dessus duquel passait subitement, en pétillant comme une fusée, un minuscule train. Agoust devenait presque satanique dans ce dessin qui bondissait, étoffé de rouge sur un fond verdâtre pointillé d'encre, surmonté d'éclatantes lettres blanches, doublées de noir.

Cette joie démentielle, presque explosible, il l'exprimait aussi sur une couverture bleue et jaune, qu'il fit pour un volume de M. Duval, « Paris qui rit ; » là, c'était une sarabande de gens se culbutant, se roulant, dans des accès d'allégresse folle. Une sorte de gnaff, un Auvergnat, se débridait la mâchoire, se trouait le mufle jusqu'à la luette ; un gommeux à la renverse, le chapeau envolé du crâne, bombait le ventre et se le tambourinait; pâmé, avec ses poings; un petit trottin, un carton dans chaque main, ricanait d'un rire sournois, avec des lèvres mauvaises et des yeux pincés, un concierge pilait du poivre à force de s'esclaffer, une femme s'extravasait, la jambe en l'air, tandis qu'une petite fille, assise, les jambes écartées, les bras au ciel, éclatait en de jubilants cris; M. Chéret avait noté toute une série de rires, et très finement observé la qualité de l'esprit et l'aloi de gaieté de tous ces gens.

Mais, parmi les innombrables affiches dans lesquelles il a raconté le rire, nulle ne fut plus surprenante que cet immense placard qu'il a peint pour l'Hippodrome, un Cadet-Roussel, à cheval, vêtu d'un costume d'incroyable, d'un pantalon à pont, d'un gilet à revers jaune serin, d'un habit noir, d'une cravate à goître et de bas chinés; ce vieillard avec sa bouche ouverte jusqu'aux oreilles, débusquait ses gencives, pompait un nez montueux sur des pommettes roses, s'auréolait comme d'un nimbe de feu, avec le fond d'un parapluie de pourpre; le cheval lancé au galop en pleine piste, l'homme débonnaire et jovial, de carrure superbe, exubéraient de vie!

A citer entre toutes aussi, une petite affiche qui servait d'annonce aux Folies-Bergère et portait ce titre : « la Musique de l'Avenir par les Bozza. »

Celle-là était, dans son genre, une vraie merveille; elle mettait en scène une cascade de clowns habillés de tenues bizarres. En bas, un marmiton, bouleversé par un rire qui lui fendait la face et lui pochait un œil, donnait des coups de pieds dans le vide et sonnait avec ses casseroles de la cymbale; un peu plus haut, une sorte de Yankee flottant dans un pantalon à pattes d'éléphant et dans une veste à damier, blanche et verte, avançait un museau de singe et jouait comme du flageolet, bouchant avec ses doigts de fictifs trous, suçant, ainsi qu'une idéale flûte, le bec d'une burette à lampe; plus haut, encore, un autre gâte-sauce se trémoussait, éperdu, en choquant des casseroles et des pincettes, alors qu'une vieille femme, en bonnet à ruches, à nez retroussé, à bandeaux plats, un galfâtre déguisé en vieille et tenant de la poseuse de sangsues et du fruitier soûl, tournait rageusement la manivelle d'un moulin à café, soutenu dans son vacarme par un margoughat de Grenelle qui battait, avec des assiettes, des cymbales sur une grosse caisse figurée par un obèse fût.

La gaieté torrentielle de cette affiche débordait vraiment de son léger cadre ; elle avait un diable au corps, un délirant surjet de vie, un pépiement d'oiseaux fous ! Ces êtres lancés à toute volée dans les airs étaient enlevés en des traits brefs et rapides, avec une alerte de dessin rare et la couleur, en ses larges plaques, incitait, elle aussi, à d'artistiques aises, avec son rose tendre commençant au bas de la page, se muant en rouge flamme derrière l'homme armé de la burette à huile, sautant, derrière le marmiton qui brandissait des pincettes, dans un opulent vert tilleul sur lequel l'annonce crevait en lettres blanches.

Cela donnait une note de joie nerveuse, unique en art. Mais en sus de cette dispense, M. Chéret a, dans des sujets moins spéciaux ou ne s'adaptant pas à des personnages précis, à des Pierrots, à des clowns dont les types doivent être formulés sur l'affiche, divulgué une très particulière vision du Parisianisme.

Vision superficielle et charmante, adorablement fausse, aperçue ainsi qu'au travers d'un optique de théâtre, dans une féerie, après un dîner fin.

Dans cette essence de Paris qu'il distille, il abandonne l'affreuse lie, délaisse l'elixir même, si corrosif et si âcre, recueille seulement les bouillonnements gazeux, les bulles qui pétillent à la surface.

Il verse une légère ivresse de vin mousseux, une ivresse qui fume, teintée de rose; il la personnifie, en quelque sorte, dans ses femmes délicieuses par leur débraillé qui bégaye et sourit, sans cri vulgaire. Il prend une fille du peuple à la mine polissonne, au nez inquiet, aux yeux qui s'allument et qui tremblent, il l'affine, la rend presque distinguée, sous ses oripeaux, fait d'elle comme une soubrette d'antan, une friponne élégante dont les écarts sont délicats; l'on peut à ce propos, citer, entre beaucoup d'autres, une planche de bal masqué où un Mephisto noir et rouge enlève une danseuse dont les allures chiffonnées ravissent. Il fait, à ce point de vue, songer aux dessinateurs d'il y a cent ans, il est, si l'on peut dire, le XVIII$^e$ du XIX$^e$ siècle!

Et ce coin spécial d'art qu'il affectionne se retrouve aussi dans ses enfants qu'il dessine avec une incomparable verve, un peu joufflus, éveillés, toujours heureux, car ils sont presque constamment environnés de jouets. Les interminables affiches qu'il a prodiguées aux magasins de nouveautés l'affirment. J'aime moins, par exemple, ses grands placards pour libraires, tels que celui qui annonce les *Mystères de Paris* ou le *Drame de Pontcharra* ; là, la terreur exigée s'édulcore, l'horrible s'enjolive ; puis l'enfant qu'il fait si bien rire, pleure mal.

En résumé, si nous parcourons l'œuvre de cet ingénieux fantaisiste, nous trouvons dans des sujets imposés, souvent rebelles, et avec une réticence forcée de tons qui se résument en quelques-uns pour les tirages, une expression de vie très personnelle, décorative et humoriste, une senteur parisienne portée à son acuité suprême et se résolvant en ces gaz hilarants dont les effluences réjouissent et grisent les gens qui les aspirent.

Pour tout dire, l'œuvre de M. Chéret est une dînette d'art, exquise.

*Wisthler.*

L'AUTEUR des vigilantes et sagaces « critiques d'avant-garde, » M. Théodore Duret qui défendit, l'un des premiers, Manet, les impressionnistes, tous les évadés des pénitenciers fructueux de l'art, nous apprend que M. James Mac Neil Wisthler naquit à Baltimore, d'un major de l'armée américaine, qu'il suivit comme Edgard Poe les cours de l'école militaire de West-Point, et qu'il s'empressa, comme le poète aussi, d'échapper à un avenir de casernes et de gardes.

Venu à Paris en 1857, il fréquente l'atelier de Gleyre, envoie aux salons officiels de 1859 et de 1860 des toiles que le jury repousse ; en 1863, il figure dans le salon des refusés avec une femme vêtue de blanc et se détachant sur un fond blanc.

Voici la description de cette œuvre, que je copie dans une brochure de Fernand Desnoyers devenue rare.

« La peinture la plus singulière, la plus origi-
« nale est celle de M. Wisthler. La désignation de
« son tableau est « *La Fille Blanche.* » C'est le
« portrait d'un spirite, d'un médium. La figure,
« l'attitude, la physionomie, la couleur sont
« étranges. C'est tout à la fois simple et fantas-
« tique ; le visage a une expression tourmentée
« et charmante qui fixe l'attention. Il y a quel-
« que chose de vague et de profond, dans le
« regard de cette jeune fille qui est d'une beauté
« si particulière que le public ne sait s'il doit la
« trouver laide ou jolie. Ce portrait est vivant,
« c'est une peinture remarquable, fine, une des
« plus originales qui aient passé sous les yeux
« du jury. »

En 1865, la douane de l'Institut laisse passer *La Princesse des pays de la Porcelaine.* « Une
« princesse des mille et un jours, lumineuse
« comme ces formes que l'imagination croit voir
« dans les nuages, est debout, la chevelure ébou-
« riffée et laissant traîner sur un tapis à dessins
« bleu de ciel, ses draperies. Je souhaite que la

« mode vienne de son costume; elle viendra
« peut-être cet hiver, à quelque bal de la cour
« où la princesse du pays de la porcelaine
« aura du succès : robe gris-perle à ramage,
« manteau de couleur safran, avec bouquet de
« fleurs tropicales, ceinture coquelicot, un
« éventail en plumes de paradis dans la main
« droite. Pour fond un paravent pâle et au-des-
« sus un lambris blanchâtre. Comme fantaisie de
« coloriste, cette princesse est affolante. »

(William Burger. Salon de 1865.)

En 1867, M. Wisthler exhibe une toile « *Au piano,* » et, installé depuis longtemps déjà en Angleterre, ne fait plus parler de lui, n'expose plus en France.

En 1878, cependant, le bruit d'un procès qu'il intente à M. Ruskin passe la Manche. Dans la Revue « Fors Clovigera, » M. Ruskin, le défenseur des préraphaélites, déclarait, à propos de certains tableaux du peintre, entre autres de ses « Harmonies » et de ses « Nocturnes », qu'il avait vu ou connu, par ouï dire, bien des impudences de cockney, mais qu'il ne se serait jamais attendu à ce qu'un farceur vînt demander 200 guinées pour avoir jeté un pot de peinture à la face du public (1).

M. Wisthler s'indigne et, en bon Américain, actionne, pour dépréciation de sa marchandise, le critique, devant la Chambre de l'Echiquier, qui condamne à un liard de dommages-intérêts M. Ruskin.

Puis M. Wisthler se décide à exposer de nouveau en France. Il envoie au salon de 1882, un portrait noir, fantômatique, surtout bizarre. Ce n'est, en somme, que l'année suivante qu'il nous sera permis d'admirer l'extraordinaire personnalité de ce peintre.

Au salon officiel, il apporte le portrait de sa mère, une vieille dame se découpant de profil, dans ses vêtements noirs, sur un mur gris que continue un rideau noir, tacheté de blanc. C'est inquiétant, d'une couleur différente de celle que nous avons coutume de voir. La toile est, avec cela, à peine chargée, montrant, pour un peu, son grain. L'accord du gris et du noir de l'encre de chine était une joie pour les yeux surpris de

---

(1) A Londres, dans les Expositions, un registre est ouvert sur lequel le peintre inscrit le prix auquel il prétend coter son œuvre.

ces lestes et profonds accords ; c'était de la peinture réaliste, toute intime, mais s'éployant déjà dans l'au-delà du rêve.

Presque en même temps, à l'exposition internationale de la rue de Sèze, il exhibe ses toiles fameuses à Londres, ses paysages de songes, son délicieux « Nocturne en argent et bleu, » où monte dans l'azur une ville bâtie sur une rive ; son « Nocturne en noir et or, » où des feux d'artifice crèvent de baguettes sanglantes et parsèment d'étoiles les ténèbres d'une épaisse nuit ; enfin, son « Nocturne en bleu et or, » représentant une vue de la Tamise au-dessus de laquelle, dans une féerique brume, une lune d'or éclaire de ses pâles rayons l'indistincte forme des vaisseaux endormis à l'ancre.

Invinciblement, l'on songeait aux visions de Quincey, à ces fuites de rivières, à ces rêves fluides que détermine l'opium. Dans leur cadre d'or blême, vermicellés de bleu turquoise et piquetés d'argent, ces sites d'atmosphère et d'eau s'étendaient à l'infini, suggéraient des dodinements de pensées, transportaient sur des véhicules magiques dans des temps irrévolus, dans des limbes. C'était loin de la vie moderne, loin de tout, aux extrêmes confins de la peinture qui semblait s'évaporer en d'invisibles fumées de couleurs, sur ces légères toiles.

En 1884, l'artiste revient avec deux portraits, celui « de miss Alexander » et de « Carlyle. » L'historien qui eut la bonne foi d'avouer qu'au fond il n'y avait pas d'histoire véritable et qui a quelque part écrit cette décisive phrase : « L'on devrait bien élever des autels à la solitude et au silence, » est assis de profil, la redingote noire, bouffante, le chapeau placé sur les genoux. Cette figure triste, un peu bourrue, avec sa barbe poivre et sel, respire et médite, lentement résume; c'est un portrait qui pénètre sous la peau, met sur la physionomie du personnage un reflet des pensées qui l'habitent; c'est un portrait d'âme ouverte, mais si étonnant qu'il puisse être, celui de miss Alexander me paraît plus admirable encore.

Imaginez une petite fille, d'un blond cendré, vêtue de blanc, tenant, à la main, un feutre gris empanaché d'une plume et s'enlevant sur un panneau d'un gris ambré appuyé par le noir pur d'une plinthe; une blondine, aristocratique et anémiée, cavalière et douce, une infante anglaise se mouvant dans une atmosphère d'un gris doré par dessous, d'un or effacé de vieux vermeil. C'est encore, dans son large fini, peint à peine, et autant que les Vélasquez, brossés d'une si belle pâte dans la gamme des gris d'argent, cela vit d'une vie intense !

Ainsi que dans les autres œuvres de M. Wisthler, il y a, dans cette toile un coin supraterrestre, déconcertant. Certes, son personnage est ressemblant, est réel, cela est sûr ; certes, il y a, en sus de sa chair, un peu de son caractère dans cette peinture, mais il y a aussi un côté surnaturel émané de ce peintre mystérieux, un peu spectral, qui justifie, dans une certaine mesure, ce mot de spirite écrit par Desnoyers. L'on ne peut, en effet, lire les révélations plus ou moins véridiques du docteur Crookes sur cette Katie, sur cette ombre incarnée en une forme dédoublée de femme tangible et pourtant fluide, sans songer à ces portraits de femmes de Wisthler, ces portraits-fantômes qui semblent reculer, vouloir s'enfoncer dans le mur, avec leurs yeux énigmatiques et leur bouche d'un rouge glacé, de goule.

Ces réflexions ne sont-elles pas applicables

surtout à ce portrait de Sarrasate qu'il prêta en 1886, un portrait de médium, fuyant et nerveux et même à cette splendide lady Archibald Campbell qui glorifia le salon officiel de 1885.

Campée de côté, presque de dos, montrant la figure qui se retourne, elle se retire dans une ombre noire, tout à la fois profonde et chaude, et deux coups partent, deux coups de brun amadou, le coup des petits souliers et celui des longs gants qu'elle boutonne, deux coups qui réveillent la nuit dont les ténèbres s'éclaircissent, dans le bas de la toile; mais ce n'est là que l'accessoire, le détail prenant place dans l'ensemble voulu du peintre. De la pèlerine de loutre, de la robe sombre, jaillit avec une suprême élégance Lady Campbell, dont le corps étroitement lacé palpite, dont le mystérieux visage se penche, avec son œil incitant et hautain qui convie et sa bouche d'un rouge mat qui repousse. Cette fois encore, l'artiste a sorti de la chair une expression indéfinie d'âme et il a mué aussi son modèle en une inquiétante sphynge.

Je laisse de côté maintenant le portrait de M. Duret qui est représenté en habit noir, tenant sur le bras un domino rose et un éventail à lames rouges. L'œuvre est curieuse, ferme mais moins jaillie dans les au-delà et les couleurs sont tristes ; — l'on dirait presque d'un Manet lisse et atone — et j'arrive à cette série de tableaux, de paysages, pour la plupart, qu'il exposa, au mois de mai 1887, dans la galerie de M. Georges Petit, et au mois de mai 1888, dans les salles de M. Durand-Ruel ; toute une série d'harmonies, d'arrangements ; un village intitulé : vert et opale ; une vue de Dieppe : argent et violet ; un site de Hollande : gris et jaune ; un pastel : bleu et nacre ; puis des duos de capucine et de rose, d'argent et de mauve, de lilas et d'or ; un solo enfin, chanté par une boutique de bonbons sous ce titre : note en orange.

D'inégale valeur, ces tableaux dont quelques-uns semblaient n'être que des bouts d'esquisses, confirmaient l'aveu de ces paysages exhibés, en 1883, dans la rue de Sèze. C'étaient des horizons voilés, entrevus dans un autre monde, des crépuscules noyés de pluies tièdes, des brouillards de rivière, des envolées de brume bleue, tout un spectacle de nature indécise, de villes flottantes, de languissants estuaires, brouillés dans un jour confus de songe ; c'était, en dehors de l'art contemporain, une peinture convalescente, exquise, toute personnelle, toute neuve, « la peinture des fluides, » que ce visionnaire s'est essayé à rendre, même dans ses précieuses eaux-fortes, où, en quelques traits, il éparpille des monuments, des cités, illimite l'espace, projette des sensations de lointains, uniques.

Artiste extralucide, dégageant du réel le suprasensible, M. Wisthler me fait songer avec ses paysages à plusieurs poésies d'une douceur murmurante et câline, comme confessée, comme frôlée, de M. Verlaine. Il évoque, ainsi que lui, à certains instants, de subtiles suggestions et berce, à d'autres, de même qu'une incantation dont l'occulte sortilège échappe. M. Verlaine est évidemment allé aux confins de la poésie, là où elle s'évapore complètement et où l'art du musicien commence. M. Wisthler, dans ses harmonies de nuances, passe presque la frontière de la peinture ; il entre dans le pays des lettres, et s'avance sur les mélancoliques rives où les pâles fleurs de M. Verlaine poussent.

M. Wisthler définit ainsi, dans son « Ten o' clock » traduit par M. Stéphane Mallarmé, l'art tel qu'il le conçoit : « C'est, dit-il, une divinité d'essence délicate, tout en retrait. » — Et ce sera sa gloire, comme ce sera celle des quelques-uns qui auront méprisé le goût du public, que d'avoir aristocratiquement pratiqué cet art réfractaire aux idées communes, cet art s'effaçant des cohues, cet art résolument solitaire, hautainement secret.

*Félicien Rops.*

La vue d'une œuvre érotique, faite par un artiste d'un vrai talent, m'induit à d'obscures descentes dans des fonds d'âmes. Loin des nudités que j'eus tout d'abord un mélancolique plaisir à contempler, je rêve à leurs auteurs et je me demande à quelles impulsions, à quels sentiments ils obéirent, alors qu'ils exécutèrent de semblables œuvres.

Le point de vue vénal écarté, s'il s'agit d'un artiste que je sais probe, je dois repousser aussi le soupçon de mœurs infâmes, éloigner l'idée que ses tableaux reproduisent les épisodes de sa vie intime, car du moment que la débauche effective s'affirme, l'art exténué s'endort dans le coma des roquentins et meurt. Au reste, celui qui cède aux abois lubriques n'est guères en état de les traduire sur un papier ou sur une toile. J'ajoute que, généralement, celui-là célèbre la vertu, proclame la décence, exalte l'amour, cèle, sous les allures bégueules et glacées d'une œuvre, les studieuses turpitudes qu'il élabore dans le coûteux silence des lieux sûrs.

L'hypocrisie qui voile si délibérement les ordures de la vieille Angleterre en proie à l'enfantine passion des viols, explique aisément la conduite de ces gens, dans leur existence privée et dans leurs œuvres.

Au fond, quand on y songe, seul le contraire est vrai, car il n'y a de réellement obscènes que les gens chastes. Tout le monde sait, en effet, que la continence engendre des pensées libertines affreuses, que l'homme non chrétien et par conséquent involontairement pur, se surchauffe dans la solitude surtout, et s'exalte et divague ; alors, il va mentalement, dans son rêve éveillé, jusqu'au bout du délire orgiaque.

Il est donc vraisemblable que l'artiste qui traite violemment des sujets charnels, est, pour une raison ou pour une autre, un homme chaste.

Mais cette constatation ne semble pas suffisante, car, à se scruter, l'on découvre que, même en ne gardant pas une continence exacte, même en étant repu, même en éprouvant un sincère dégoût des joies sensuelles, l'on est encore troublé par des idées lascives.

C'est alors qu'apparaît ce phénomène bizarre d'une âme qui se suggère, sans désirs corporels, des visions lubriques.

Impurs ou non, les artistes dont les nerfs sont élimés jusqu'à se rompre, ont, plus que tous autres, constamment subi les insupportables tracas de la Luxure. Je ne parle pas ici de l'acte suscité par la Luxure même, de l'acte de fornication qui n'est que malpropre et qui témoigne simplement d'un tempérament plus ou moins excitable, de nerfs plus ou moins vibrants, de reins plus ou moins forts. Je ne parle même pas de la convoitise qui précède les labeurs vénériens et les réclame, car elle décèle seulement un éveil aisé des sens ou des réserves dociles et longtemps gardées; je parle exclusivement de l'Esprit de Luxure, des idées érotiques isolées, sans correspondance matérielle, sans besoin d'une suite animale qui les apaise.

Et presque toujours la scène rêvée est identique : des images se lèvent, des nudités se tendent; — mais, d'un saut, l'acte naturel s'efface, comme dénué d'intérêt, comme trop court, comme ne provoquant qu'une commotion attendue, qu'un cri banal; — et, du coup, un élan vers l'extranaturel de la salauderie, une postulation vers les crises échappées de la chair, bondies dans l'au-delà des spasmes, se déclarent. L'infamie de l'âme s'aggrave, si l'on veut, mais elle se raffine, s'anoblit par la pensée qui s'y mêle, d'un idéal de fautes surhumaines, de péchés que l'on voudrait neufs.

A spiritualiser ainsi l'ordure, une réelle déperdition de phosphore se produit dans la cervelle, et si, pendant cet état inquiétant de l'âme qui se suggère à elle-même et pour elle seule, ces visions échauffées des sens, le hasard veut que la réalité s'en mêle, qu'une femme, en chair et en os, vienne, alors l'homme, excédé de rêve, reste embarrassé, devient presque frigide, éprouve, dans tous les cas, après une pollution réelle, une désillusion, une tristesse atroces.

Cette étrange attirance vers les complications charnelles, cette hantise de la saloperie pour la saloperie même, ce rut qui se passe tout entier dans l'âme et sans que le corps consulté s'en mêle, cette impulsion livide et limitée qui n'a, en somme, avec l'instinct génésique, que de lointains rapports, demeurent singulièrement mystérieux quand on y songe.

Éréthisme du cerveau, dit la science; et si cet état persiste et s'exaspère, détermine dans l'organisme certains désordres, elle prononce le mot « d'hystérie mentale, » recommande les émollients, le lupulin et le camphre, le bromure de potassium et les douches.

Quant aux causes mêmes qui produisent ces troubles, elle reste forcément hésitante; elle ignore, de même que pour les terribles maladies des nerfs, les motifs des désarrois et des crises; elle surveille simplement la marche des épisodes, les conjure ou les retarde, mais elle ne peut, en tout cas, actuellement expliquer la turbulente nature des pensées malsaines.

L'Église, elle, se retrouve, là, dans son élément; elle reconnaît les sinueux agissements du vieux péché. Cette hystérie mentale, elle la nomme la Délectation morose et elle la définit: « La complaisance d'une chose mauvaise offerte

« comme présenté par l'imagination, sans désir
« de la faire. » Et, au point de vue des responsabilités, elle la juge aussi dangereuse que l'acte même, la classe, sans hésiter, dans la série des péchés mortels.

Elle voit, dans cet onanisme mental, les insidieux appels du Très-Bas. Comme remède, elle ne peut offrir que les obsécrations et les prières; au besoin, elle pourrait encore recourir aux reliques et brandir l'arme rouillée des exorcismes; mais, persuadés de la vertu des Sacrements, ses grands praticiens d'âmes se bornent à obliger les gens atteints de ce mal à communier, attendent la délivrance du patient des approches de la Sainte-Table.

En somme, ce phénomène est clair pour les catholiques, profondément obscur pour les matérialistes inaptes à découvrir dans le cerveau le mécanisme de cette âme qu'ils considèrent ainsi qu'une fonction d'un système nerveux qui se meut seul.

En art, cette hystérie mentale ou cette délectation morose devait forcément se traduire en des œuvres et fixer les images qu'elle s'était créées. Elle trouvait, là, en effet, son exutoire spirituel, le seul qui fût possible, car un exutoire corporel est, comme je l'ai déjà rapporté, le destructeur le plus certain de l'art.

C'est donc à cet état spécial de l'âme que l'on peut attribuer les hennissements charnels, écrits ou peints, des vrais artistes.

Manié par des subalternes ou par des parasites épris de la gaudriole, cet éréthisme sec, si l'on peut dire, a produit des œuvres abjectes et bêtes. Dirigé, réglé, par des maîtres, il a fondé ces grandes œuvres lubriques qui dorment dans « l'enfer » des Bibliothèques, en des cases occultes et des cartons cachés.

Je désire parler de celles-là, seulement. D'aucunes, parmi les plus célèbres, les musées secrets de l'antiquité, les œuvres libres de Jules Romain, de Marc-Antoine, de Carrache, par exemple, sont, il faut bien l'avouer, des plus médiocres; et, en admettant qu'au XVI$^e$ siècle le peintre hollandais Torrentius eût du génie, comment le vérifier puisque tous ses tableaux furent brûlés en place de Grève, alors que lui-même, après avoir subi la torture, était exilé comme adamite ?

D'autre part, les estampes de Rembrandt sont

lourdes, sans cette saveur aiguë que certaines priapées dégagent ; je ne m'y arrêterai donc pas. Je passerai aussi sous silence les gentillesses avariées du dernier siècle. Au fond, cette époque érotisa le meuble d'une façon charmante, aphrodisia l'industrie des tapissiers et des ébénistes, triompha dans les alentours de l'art, mais, dans le district même de la peinture, elle ne découvrit qu'une minauderie interlope, qu'un raffinement de cabinet de toilette, qu'un agaçant décor de bidet imprégné d'ambre. Laissant de côté les farfouilles peintes par les Fragonard et les Boucher, nous arriverions, si nous suivions la pente, aux séniles frivolités des Baudouin et des Carême qui firent du licencieux et du joli, qui deshonorèrent par la bassesse de leurs sous-entendus, par la petitesse de leur vision, le grand vice biblique qu'est la Luxure.

Négligeant aussi les ridicules scènes de la Vie Intime de Gavarni, les libertinages de Devéria, et les vignettes étriquées du doux Tassaert, je ne ferai halte que devant Rowlandson et les Japonais, avant de m'arrêter définitivement devant M. Rops dont je voudrais essayer de définir l'œuvre.

Rowlandson traita ces sujets avec un humour féroce, une gouaillerie débordante, une gaieté folle. Ses héros sont, en grande partie, des hussards qui fouettent, déculottés, le vent, et violent, à la bonne franquette, des filles étonnées de l'aubaine et se tordant éperdues de joie. Dans l'une de ses planches en couleur, c'est un surprenant vacarme de foules en rut : sur une place publique, une acrobate, nue, le ventre pareil à un giraumont, se casse en deux, à la renverse, dans un cerceau, au son d'un orgue. Des croisées s'ouvrent; un Turc, assis en tailleur, fume sa pipe, la panse à l'air et demeure bredouille; un vieux marquis, l'épée en verrouil sur des reins nus, se précède de formes écarlates et fuselées, tandis qu'un hussard en batterie s'extermine, qu'un docteur en Sorbonne s'ébahit et reste inerte, qu'une femme huchée sur la tête d'un homme qui souffle du cor, grimpe, les jupes retroussées, jusqu'aux fenêtres. C'est, dans une incohérence de réalisme, une gaieté débraillée de grosse noce marine, un rire gras qu'accélère la comique allure du vieux savant, dépourvu de gloire, et le constatant avec une rageuse moue et des yeux dépités qui mendient de patients secours.

Cette joie ventripotente et massive se lamine, s'affine pourtant chez Rowlandson, tourne souvent, comme dans les planches pincées d'Hogarth, à la scène justement observée dans ses épisodes ridicules, dans ses coins bouffes. Telle une autre de ses estampes en couleur, l'Avare.

Dans une chambre close, un vieux grigou, coiffé d'un bonnet rose, est assis près d'un coffre-fort. Deux filles, l'une, sur le rebord du lit qui, la chemise relevée, s'ébrase ; l'autre, qui s'évertue à rendre vivant ce vieillard dont la culotte s'est rabattue. D'une main, il tient un sac d'écus, de l'autre, se gratte le front, suppute, dans un gémissant sourire, le prix exigé des filles, se dispute entre les appels de sa ladrerie et les abois de sa paillardise.

L'hésitation de l'homme, le regard goguenard et sournois des femmes qui, fascinées par les bosses et les cliquetis du sac, négligent presque de surveiller les ratatouilles libertines qu'elles préparent au vieux, sont vraiment rendus avec une bonhomie railleuse, une sagacité du cocasse, avec une entente et une verve telles que le côté obscène disparaît, que la scène de mœurs reste seule, avec ses détails de physionomies sur lesquelles passent les ardents reflets des vices qui se croisent.

La femme grasse et jolie, avec sa tentation campagnarde de chairs saines, la femme au minois tout à la fois grave et fûté, à la peau joyeuse, qu'enlève si délibérément Rowlandson, apparaît dans ces planches, comme dans d'autres du même genre, où des hussards paillardent, où des moines culbutent des nonnes, où des musiciens, mi-nus, l'archet au vent, battant ainsi qu'un métronome, la mesure lubrique, soufflent, congestionnés, dans des instruments à pavillons de cuivre.

Mais, il faut bien le dire, si désirable qu'elle soit, la femme de Rowlandson est toute animale, sans complication de sens qui intéressent. Il a plus fait, en somme, la machine à forniquer, la bête sanitaire et solide, que la terrible faunesse de la Luxure. Ses hommes sont des butors, à reins de portefaix, ses filles sont des vivandières à croupes de limoniers ; ce sont des créatures parfois issues de Rubens et qui, pressées par le besoin, s'allègent. — Voilà tout.

Avec les Japonais, le point de vue change ; cette compréhension un peu vile de la chair débordante et hilare, cette gaieté saugrenue qui rapetisse, suivant moi, dans de tels sujets, l'œuvre libre de Rowlandson, a disparu et le contraire s'atteste. La douleur s'affirme dans leurs albums.

Chez eux, le commerce charnel semble briser le système nerveux, traverser de points fulgurants les membres hérissés, tendus jusqu'à se rompre; il torture les couples, leur crispe les poings, leur retourne, ainsi qu'un courant électrique, les jambes qui se rétractent avec des pieds dont les doigts se tordent.

Leurs femmes, à chairs indolentes, blanches comme des emphysèmes, agonisent, à la renverse, les yeux clos, les dents serrées dans du sang de lèvres; le ventre, affreusement fendu, bâille, sous une houppette, de même qu'une plaie à caroncules; leurs hommes râlent prostrés, arborent d'inconcevables phallus, aux cimes en parasols, aux tubes gonflés et sillés de veines. Enchevêtrés, dans d'impossibles poses, tous gisent, semblables à des cadavres dont de puissantes estrapades ont brisé les os.

La plus belle estampe que je connaisse, dans ce genre, est effroyable. C'est une Japonaise couverte par une pieuvre ; de ses tentacules, l'horrible bête pompe la pointe des seins, et fouille la bouche, tandis que la tête même boit les parties basses. L'expression presque surhumaine d'angoisse et de douleur qui convulse cette longue figure de pierrot au nez busqué et la joie hystérique qui filtre en même temps de ce front, de ces yeux fermés de morte, sont admirables !

Les Japonais ont donc réhabilité par la souffrance cette Luxure qui trinque de si bon cœur dans les ruts au galop du peintre anglais ; mais, là encore, ce ne sont que des anecdotes, nullement des œuvres exhaussées par une idée générale qui les soulève, pourvues d'une tige spirituelle qui les soutienne.

Dans ces planches, aucun concept ramassant, condensant cette Luxure même qui emplit la Bible, qui se dresse, dès les premières pages, sous l'arbre de l'Eden, qui émerge encore à la fin du Livre, alors qu'évoquée par l'ange aux sept fioles, surgit, en ses accoutrements de métaux et de pourpre, la souveraine Salope vue par Saint Jean.

Déifiée par le Paganisme qui l'adora dans

les diverses incarnations de ses Vénus et de ses Priape, la Luxure, devenue plus tard un péché chrétien, se symbolisa dans la danse carnassière des Hérodiades. Puis elle livra, comme des terres arables, au vieil Herseur de péchés, l'âme éperdue des Saints, supplicia dans leurs thébaïdes les solitaires, dévergonda, pendant des siècles, la pudeur résolue des cloîtres.

C'est elle aussi qui détermina les migrations des tribus, les écrasements des peuples, qui édifia sur des pilotis de phallus la chancelante histoire; elle qui, à l'heure présente, tient le monde, peut, seule, lutter contre l'autre puissance du siècle, contre l'argent qui, entre les mains du plus ladre, vacille, quand la chair flambe !

Ce cric des masses charnelles, ce levier des âmes valait cependant que l'on décelât son mécanisme, qu'on démontât ses moyens, qu'on divulguât ses causes, qu'on le résumât catholiquement, si l'on peut dire, en d'ardentes et tristes images, qu'on substituât, au point de vue plastique, aux allégoriques déités du Paganisme, une Démone nouvelle, une Satane neuve.

Attardée dans l'enfantillage des variables poses révélant ce qu'un bégueulisme séculaire interdit de voir, mauvaisement et bêtement réjouie par d'ingénieux et bas détails, la peinture ne se rendit pas compte qu'elle devait graviter comme l'humanité qui l'enfante, comme la terre même qui la porte, entre ces deux pôles : la Pureté et la Luxure, entre le ciel et l'enfer de l'art. Elle ne s'expliqua point que pour être suraiguë, toute œuvre devait être satanique ou mystique, qu'en dehors de ces points extrêmes, il n'y avait plus que des œuvres de climat tempéré, de purgatoire, des œuvres issues de sujets humains plus ou moins pleutres.

La Pureté, elle, a inspiré d'incomparables toiles; elle a sublimé le talent des grands peintres chrétiens, les Fra-Angelico et les Gründwald, les Roger Van der Weyden et les Memlinc.

Elle est morte après le Moyen Age; elle est maintenant inaccessible en art, ainsi que le sentiment divin dont elle émane, à des générations privées de foi.

La Luxure n'a enfanté, pour sa part, aucune œuvre qui soit réellement forte. Et il a fallu arriver jusqu'à notre temps pour trouver un artiste qui ait songé à explorer réellement ces régions antarctiques inconnues à l'art. Adoptant le vieux concept du Moyen Age, que l'homme flotte entre le Bien et le Mal, se débat entre Dieu et le Diable, entre la Pureté qui est d'essence divine et la Luxure qui est le Démon même, M. Félicien Rops, avec une âme de Primitif à rebours, a accompli l'œuvre inverse de Memlinc; il a pénétré, résumé le satanisme en d'admirables planches qui sont comme inventions, comme symboles, comme art incisif et nerveux, féroce et navré, vraiment uniques.

Mais, il faut bien le dire, M. Rops n'a pas atteint du premier coup à cette synthèse du Mal. Dans les agiles frontispices qu'il grava, jadis, pour les œuvres libertines réimprimées par Poulet-Malassis, à Bruxelles, il révèle simplement une verve railleuse et impie, une imagination bizarre et prompte.

Avec un esprit souligné parfois, il parachève des planches, tantôt élégantes et rubantées ainsi que celles du XVIIIe siècle — telles l'eau-forte qui précède le « Théâtre Gaillard » ou le « Point de Lendemain, » de Vivant Denon — tantôt il se résume en des allégories toutes personnelles, d'une liberté absolue d'allures. Parmi celles-là, on peut citer ses eaux-fortes du « Parnasse satyrique : » l'une, où des envolées de minuscules femmes et de petites bacchantes grimpent après le rigide boute-joie d'un Terme dont la barbe de bouc s'évase d'allégresse, alors que, de ses yeux de bon père, il contemple l'une des femmes qui chevauche, éperdue, la cime de son formidable membre et qui tend les bras, crie, en se pâmant, grâce, tandis que ses compagnes se suspendent, hurlantes, aux sphères de ses pesantes outres; l'autre, représentant la scène retournée : une troupe de petits ægypans qui montent à l'assaut d'une faunesse sans bras, couronnée de pampres, aux oreilles en pointes et aux seins lourds. Elle aussi, se délecte, sourit, maternelle et lascive, à ces petits chèvrepieds qui lui prennent la gorge, rampent sur son large ventre, fourragent la fosse de son nombril, se glissent comme en une chattière, dans la cosse entrebâillée du sexe. Mais l'une des œuvres les plus ingénieuses, les plus véhémentes de cette série, c'est encore celle qui devance le petit volume des « Joyeusetés du Vidame de la Braguette, » du pauvre Glatigny.

Imaginez un bon raillard des Flandres assis,

la panse au frais, tenant la vasque rabattue d'une culotte à pont; il s'esclaffe jusqu'aux larmes, exubère et s'étrangle, tandis qu'un essaim de mignonnes créatures s'élance sur sa prodigieuse nudité qui se dresse ainsi qu'un phare dont la base plonge dans d'épais taillis.

Et elles sont inouïes, ces nymphomanes naines! Jamais, jusqu'alors, on n'avait rendu avec un tel sens de la chair chaude, avec une telle fougue, cette folie de chattes en rut ! Crispées, elles s'accrochent à pleins poings aux touffes, font l'ascension du mât, contournent les besaces, se hissent les unes sur les autres, se dévorent entre elles et se culbutent en de mourantes grappes. Tout cela enlevé d'un dessin vivace et foncier, forant et sûr. Puis, dans ses planches, le Lingam arbore les formes les plus imprévues, les plus étranges. Au repos, comme dans le frontispice du « Dictionnaire érotique, » de Delvau, il simule un papillon à face humaine : le nez dessiné par la tige molle, les yeux situés en haut, sous la toison, les joues imitées par les deux bourses. Au travail, comme dans l'eau-forte du Vidame, il se mue en figurine, le frein se sculpte en nez et en bouche, le sommet devient un turban de Turc, surmonté d'une liquide aigrette.

En même temps qu'il illustre la série de ces volumes parus : *Partout et nulle part, S. L. N. D., A Eleuthéropolis ou à Lampsaque*, et qu'il égaye par des préambules gravés les mornes proses de feu Delvau, M. Rops crée un type de femme que nous reverrons, repris et dérivé, dans son œuvre, ce type de la buveuse d'absinthe qui, désabrutie et à jeun, devient encore plus menaçante et plus vorace, avec sa face glacée et vide, canaille et dure, avec ses yeux limpides, au regard fixe et cruel des tribades, avec sa bouche un peu grande, fendue droite, son nez régulier et court.

Ce type de la loupeuse insatiable et cupide apparaît, modifié, dans plusieurs de ses planches; pour en citer une, par exemple, dans « sa femme assise sur une fourrure, » qu'il n'inséra point dans le volume auquel elle était destinée : « Les Rimes de Joie, » de M. Théodore Hannon, un poète de talent, sombré, sans excuse de misère, à Bruxelles, dans le cloaque des revues de fin d'année et les nauséeuses ratatouilles de la basse presse.

Parallèlement à ces œuvres que M. Rodin transpose souvent dans ses sculptures, alors que M. Rops dessine la réalité authentique et brute, je l'aime moins; en effet, sous ses paysans, l'influence de Millet se sent, et lorsqu'il aborde la femme habillée, moderne, l'être contemporain, la véridique fille, il semble attardé et n'atteint pas au pouvoir de réalité, aux irruptions de vie, au cri méchant de ce prodigieux Degas; je lui préfère aussi, je dois le dire, M. Forain, dont le sens parisien est autrement sûr; par contre, dès qu'il allégorise et synthétise la femme, dès qu'il la distrait d'un milieu réel, il devient tout de suite inimitable.

Dans ce genre, l'on peut noter l'adorable créature qu'il a, avec quelques variantes, par trois fois reproduite dans le postface des « Sonnets du Docteur, » dans le menu de M$^{lle}$ Doucé et celui de M$^{me}$ Dulac.

Elle se profile, dodue, coiffée d'un chapeau à fleurs, en chemise et les seins nus, gantée jusqu'aux biceps de longs gants noirs, chaussée de bas de soie, à raies. Avec sa margoulette régulière, un peu peuple, ses yeux où pétille le moût fringant des noces, sa bouche mauvaise et serrée, elle est irrésistible. Dans ces planches où volètent des amours soufflant sur des feuilles de vignes, elle se tient comme une sentinelle placée sur le front de bandière du camp lubrique; elle évoque l'idée, pour l'homme, de caresses illicites et de baisers indus; elle suggère, pour elle-même, la réflexion de paroxysmes de comédie intenses.

Mais cette eau-forte à laquelle bien d'autres pourraient se joindre n'est, en somme, dans l'œuvre gravée de M. Rops, qu'une alerte et qu'une boutade. Toutes celles que j'ai passées en revue sont seulement ironiques et scabreuses, d'aucunes presque fanfaronnes dans leur entrain.

Nous allons signaler maintenant son œuvre même; la femme va surgir démoniaque et terrible, traitée par un talent qui s'amplifie et se condense à mesure qu'apparaît, dans un retour d'idées catholiques, ce concept du satanisme dont j'ai parlé.

Forcément, M. Rops devait incarner la Possession en la femme. Et, ce faisant, il était d'accord avec les Pères de l'Eglise, avec tout le Moyen Age, l'Antiquité même; car, s'occupant des couples incriminés de magie, Quintilien écrivait déjà : « la présomption est plus grande que la femme soit sorcière. » Au reste, il suffit que la femme soit ensorcelée pour que l'homme qui l'approche se contamine ; « Satan, par le moyen des femmes, attire les hommes à sa cordelle, » attestait Bodin, paraphrasant le Moyen Age qui affirme, dans toutes les déclarations de ses exorcistes, qu'il y avait cinquante femmes sorcières ou démoniaques pour un homme.

D'ailleurs, que l'on accepte ou que l'on repousse la théorie du satanisme, n'en est-il point encore de même aujourd'hui ? l'homme n'est-il pas induit aux délits et aux crimes par la femme qui est, elle-même, presque toujours perdue par sa semblable ? Elle est, en somme, le grand vase des iniquités et des crimes, le charnier des misères et des hontes, la véritable introductrice des ambassades déléguées dans nos âmes par tous les vices.

L'on peut ajouter encore, en demeurant dans le cercle tracé par les catholiques, que le Démon s'incarnait volontiers en elle et s'accouplait, sous cette forme, la nuit, avec les hommes. Il était alors le Succube ou l'Ephialte. M. Rops a donc suivi l'immuable tradition des siècles, alors que, dans son œuvre satanique, il a choisi pour principal personnage la femme, maléficiée par le Diable et vénéficiant, à son tour, l'homme qui la touche.

D'autre part, il devait faire entrer, dans les redoutables scènes qu'il méditait, le Démon même.

Pendant le Moyen Age, un fait est à noter, c'est que tous les peintres représentèrent le Malin sous des formes horribles ou grotesques, mais jamais sous les formes révélées par la procédure ordinaire des sabbats.

Ici, les documents abondent et se confirment. A part certains cas où ce Traitant des âmes apparut sous des traits insolites et des costumes imprévus, à saint Romuald, par exemple, en vautour; à saint Robert, en herbager; à Evagre, en un clerc haletant, et à d'autres encore sous des déguisements variés ou sous des apparences d'animaux fantasques, toujours il se montre: bestialement, en bouc, en chien, en chat, couleur de suie; humainement, sous des traits spécifiés d'une façon nette.

« Il était un homme grand et fort noir, vêtu

tout de noir, toujours botté et éperonné (1). »

« Quand il prend la forme humaine, le Diable est noir, crasseux, puant et formidable, ou bien du moins en visage obscur, brun et barbouillé ; le nez est déformément camus ou énormément aquilin, la bouche ouverte et profonde, les yeux enfoncés et fort étincelants... (2). »

« Il est long, noir, avec une voix inarticulée, cassée, mais bruyante et terrible... ses cheveux sont hérissés... il a la barbiche d'un bouc (3)... »

Ici M. Rops a résolument rompu avec les traditions. Son Commanditaire des Ténèbres n'est plus ce cavalier noir, ou ce bouc qui terrifièrent les âmes naïves des anciens temps ; il nous semblerait sortir d'une boîte à surprises, s'il se présentait maintenant sous cet attirail et sous ce masque. Son Satan, à lui, est bien moderne ; il est un gentleman, en habit noir, un paysan, un Prudhomme immonde, et alors qu'il lui conserve sa forme hiératique, il l'emprunte, le plus souvent, aux Priapes et aux Termes, aux

---

(1) Bodin. — De la Démonomanie.
(2) Del Rio. — Controverses magiques.
(3) Gorres. — Mystique diabolique.

Satyres et aux Faunes, qui, de l'avis de tous les docteurs en diabologie, les Lancre et les Bodin, les Sinistrari et les Del Rio, les Sprenger et les Gorres, n'étaient autres que des troupes de démons ou de malins esprits.

Tel, il l'assume dans ses Sataniques. Cette série, qui n'est pas achevée, renferme cinq planches traitées au vernis mou ; mais on peut y annexer, comme rentrant dans le même ordre d'idées, certaines des eaux-fortes qui illustrent les « Diaboliques » de Barbey d'Aurévilly, quelques autres qui servent de vestibules aux élucubrations de M. Péladan.

La première de ses Sataniques « Satan semant l'ivraie, » est ainsi conçue :

La nuit, au-dessus de Paris qui dort, un semeur immense emplit le ciel ; ses pieds, chargés de pesants sabots, posent sur les toits de la rive droite et sur le sommet des tours de Notre-Dame. Sous l'arche dessinée par ses maigres jambes, la Seine roule comme une eau de riz que glace la lune dont le disque semble excorié par la fumée des nues. D'un bras, Satan relève son tablier dans lequel des larves de femmes grouillent et, de l'autre, il fauche le firmament d'un geste qui lance, à toute volée, ces germes du mal sur la ville muette.

Vêtu en paysan, coiffé d'un chapeau à larges bords, il darde dans une face osseuse, des yeux de braise, grimace un sourire sardonique atroce. Ses cheveux flottent, sa longue barbe divulgue par sa coupe une origine américaine que certifie la forme de ce chapeau rappelant par certains détails de ses ailes, par certains de ses plis, la coiffure presque bretonne de quelques quakers.

Il semble qu'il soit passé par ce nouveau-monde qui a lavé dans sa cupide hypocrisie, tonifié, rajeuni, les vices de la vieille Europe.

En scrutant l'horrible face, l'on peut discerner la jubilation froide et décidée du Diable qui sait de quelles vertus infâmes sont douées les larves qu'il essaime. Il sait aussi que la récolte est sûre et ses hideuses lèvres susurrent des Rogations à rebours, invitent railleusement son inerte Rival à bénir ces maux de la terre, à consacrer la formidable moisson de crimes que ce grain prépare !

Cette planche est vraiment éloquente, vraiment superbe. Ce Terrien à la structure énorme, dont le talon de sabot emplit toute la superficie du sommet d'une tour, dont les jambes de squelette dressent une immense ogive au-dessus de la ville minuscule qui s'étale, diluée dans l'infini des nuits, est spécifié par un dessin ample et pourtant ramassé sur lui-même, concis et souple.

Comme idée, l'on peut rapprocher de cette estampe, celle intitulée : « Satan semant des monstres, » un Satan levant, dans la nuit, un bras, inondant, de l'autre, l'espace de sa semence.

La seconde Satanique « l'Enlèvement, » nous représente une sorcière, nue, emportée dans les airs sur un manche à balai que le Diable tient. Jetée à la renverse, sur son dos, elle franchit, culbutée, l'espace, jusqu'à ce qu'il la dépose en ces lieux solitaires où le sabbat bruit.

Et celle-là suscite de longues rêveries, évoque les monstrueux souvenirs que les démonographes ont notés.

On songe au départ pour le sabbat, aux pommades extraites des mandragores, des jusquiames, des sucs des solanées, dont les femmes s'enduisaient le corps ; on pense aux philtres dont elles s'enivraient, des philtres composés, d'après Del Rio, « de flux menstrual, de sperme, de cervelle de chat ou de petit ânon, de ventre d'hyène, de parties génitales de loups et surtout d'hippomane qui coule des parties des chevales lorsqu'elles sont en chaleur. » Puis, à la chevauchée dans les nues succède la descente dans la clairière où le Diable, sous la forme du Satyre ou du Bouc, tend sa fesse, noire et velue, qu'on baise ; tout autour, les enfants promènent des crapauds autour des mares, car, dit Lancre, « Satan les tient éloignés de peur de les rebuter pour jamais, par l'horrible vue de tant de choses. » Et la messe noire se célèbre sur la croupe nue d'une femme ; l'on banquette, l'on se gave de soupe humaine, de chair d'enfant dont on suce le sang par le nombril et la nuque ; l'on mâche les os qui, depuis une année, cuits avec certaines herbes sont devenus mous comme des raves. Privé du sel qui empêche la corruption, le pain est fait avec ces épis que la rouille a frappés et dans lesquels fermentent des graines de maladies, des germes de mort ; le vin est un vin furieux dont les vignes ont crû dans la cendre tiède des volcans ; les blasphèmes s'élèvent, l'on communie avec la noire hostie estampée d'un bouc, les torches s'éteignent, hommes, femmes, tournoient, s'accouplent; chacun plonge dans les vases illicites, tâche de joindre, pour pratiquer l'inceste, sa fille ou sa mère, s'efforce de les rendre grosses, afin de pouvoir égorger et manger, dans un prochain sabbat, l'enfant né de ces hideuses œuvres !

Il y eut dans ces agissements d'ardentes joies maintenant perdues et des douleurs impossibles à notre temps. M. Rops l'a compris et dans certaines de ses planches, il a exprimé ces excès d'allégresse et de souffrance, d'une façon terrible.

L'une « Le Sacrifice » atteint à l'épouvante. Sur un autel, une femme nue est étendue, les jambes écartées ; au-dessus d'elle, un être ineffable dont le dos est fait par le squelette d'une tête de cheval, trouée de deux yeux vides, avec, au bout du museau descendu à la place des reins, deux longues dents, est surmonté d'une tête obscure qui se détache dans un ciel bouleversé, sur un croissant de lune. Les bras maigres forment des anses de chaque côté de ce corps terminé, sans croupe, par une sorte de thyrse, par une double vrille qui plonge dans le bas-ventre de la femme, la cloue sur la pierre tandis qu'elle clame, éperdue d'horreur et de joie !

Ce qui est unique c'est l'impression que dégage cette effrayante page. Ce démon si étrangement figuré, est là, immobile, impitoyable, campé en quelque sorte dans sa victime dont il n'entend même pas les râles. Sa tête, traversée par la corne lunaire et dont on ne voit que la nuageuse nuque, songe, loin de la terre, alors que le pieu festonné de ses génitoires baigne dans des flots de sang. C'est affreux et grandiose, d'un symbolisme aigu de Luxure échouée dans la mort, de Possession désespérément voulue et, comme tout souhait qui se réalise, aussitôt expiée.

Dans une autre « l'Idole, » la femme acquiert, elle aussi, son Dieu, un Satan, effroyable encore, une sorte d'Hermès, à gaîne de pierre, une tête souriante et lascive, ignoble avec son front bas, son nez cassé, sa barbe de bouc, sa lippe velue qui suinte. Il est là, droit, dans un hémicycle de marbre, planté de phallus dont le bas s'hermaphrodise, entre deux pieds de chèvres; à droite, un éléphant se stimule avec sa trompe.

Et la femme a bondi sur le monstre ; elle l'étreint d'un mouvement passionné, féroce, reste suspendue à ce ventre qui la perfore, regarde l'abominable Amant, avec des yeux stridents dont l'allégresse effraie.

Cette figure est vraiment magnifique ; jamais la violence de la chair n'était ainsi sortie d'une œuvre ; jamais expression d'infini, d'extase, n'avait ainsi décomposé, en la sublimant, une face. Il y a d'une Thérèse diabolique, d'une sainte satanisée, en prière, dans cette créature accouplée, attendant la minute suprême qui se changera en une inoubliable déception, car tous les documents l'affirment, la femme qui fait paction avec le Diable, éprouve, au moment final, l'indicible horreur d'un jet de glace et tombe aussitôt, dans une inexprimable fatigue, dans un épuisement intense.

La dernière planche enfin, s'intitule : « le Calvaire, » et c'est le Maudit qui se dresse à la place du Christ sur le gibet infâme, le Maudit, ricanant avec une tête où il y a du paysan vicieux, du Yankee et surtout du Faune, un Satan bestial, vineux, immonde, avec sa gueule en tirelire et ses dents de morse. Et il sourit, la mentule en l'air, et, de ses pieds décloués qu'il écarte, il atteint et tire la crinière d'une femme, nue, debout, devant lui, et lentement il l'étrangle avec le lacis de ses cheveux, alors que, terrifiée, les bras étendus, elle agonise, dans un spasme nerveux, d'une jouissance atroce.

La fiction dérisoire de cette scène, le sacrilège de cette croix devenue un instrument de joie, le stupre de cette Madeleine en extase devant la nudité de ce Christ, à la verge dure, toute cette Passion utérine qu'éclaire une rangée de cierges dont les flammes dardent dans les ténèbres comme des lancettes blanches, sont véritablement démoniaques, véritablement issus de ces anciens sabbats qui, s'ils n'existent plus maintenant à l'état complet et réel, n'en sont pas moins célébrés, à certains instants encore, dans l'âme putréfiée de chacun de nous.

Là encore, le peintre du nu féminin qu'est M. Rops, a saisi la chair ardente et roide; il l'a pétrie, tordue dans des excès de fièvres; il a révélé enfin l'extranaturel des physionomies surmenées qui éclatent en des transports si véhéments, que l'expression de leurs traits vous poursuit et vous angoisse.

C'est là, en effet, que réside la personnalité de ces planches. Un peintre de talent eût peut-être rendu cette fougue charnelle, cette férocité de rut, simulé, d'après nature, la face ardente des satyriasiques et des nymphomanes, créé enfin une œuvre matérielle confinée dans les aberrations des sens génésiques, et sans au-delà, mais je n'en connais maintenant aucun qui eût pu, de même que M. Rops, faire fulminer l'âme enragée de la femme maléficiée, possédée, tisonnée, dans toutes ses idées, par le génie du Mal.

L'on peut assimiler à ces Sataniques, certaines eaux-fortes, le frontispice de « Curieuse » par exemple, une femme s'approchant d'un Terme, lui passant les bras autour du cou, le regardant avec des yeux dévorants, scrutant le sourire de son affreuse gueule, une femme qui semble la sœur de celle qui bondit et s'enfourche, dans « les Sataniques » sur un ricanant Hermès. Une autre encore est admirable, celle qui porte cette inscription : « In lombis Diaboli virtus, » et qui représente l'Amour sous l'image de la Mort. Vue de dos, le crâne couronné de roses, la Mort lève les ailes qui palpitent sur son dos vide ; un corset de soie noire serre sa taille extravagamment mince, puis s'évase sur d'énormes fesses de chairs vives ; d'une main, elle tient l'arc de l'ancien Eros dont le carquois lui bat les jambes, de l'autre, elle élève, comme le chef sanglant du Précurseur la tête décapitée d'Hamlet ; cette Salomé de sépulcre est effrayante avec son dos par la grille duquel on aperçoit l'épine dorsale et toute une végétation de vertèbres et de côtes, poussée ainsi que des touffes de branches sèches, dans la vasque géminée de la croupe qui bombe tandis que, vu à la cantonade, le globe d'une puissante gorge s'épanouit sur la façade déterrée de cette carcasse creuse.

En bas, pour compléter la symbolique image, l'ossature du râble montre ses anneaux et ses anses dépouillés de chairs et ce squelette des régions rénales auquel l'artiste adjoint de longues ailes, évoque l'idée d'un immense papillon de nuit ou d'un mufle de bête inconnue, d'un animal volatile et félin dont la tête se surmonte de ces oreilles en boucles que figurent les os décharnés des hanches.

Cette Mort, sur laquelle ne vivent plus que les parties influentes, que les endroits propices aux folies de l'homme, nous la retrouvons, éparse, dans l'œuvre de M. Rops ; dans certaines planches où comme toujours il l'associe à la Luxure, il fait voleter et se jouer de petits Cupidons à têtes camuses, ou bien, il lui restitue sa véritable forme et l'exhibe, sortant vivante d'un cercueil, dans l'eau-forte mélangée d'aqua-tinte qui figure au début du « Vice suprême. » Là, elle est plus hideuse encore. Habillée de falbalas, relevant sa traîne de sa main aux osselets gantés, elle s'évente et minaude, terrible, auprès d'un homme décapité qui tient sous son bras sa tête de mort et parade, constellé de décorations, dans une tenue de bal.

Ainsi que les peintres du Moyen Age que la figure de la Mort hantait, M. Rops, l'approche, et, fasciné, tourne autour d'elle ; son œuvre la choie, la dévie, l'attiffe, dans ce sentiment Baudelairien qui semble la dernière expression de l'art catholique, chez les modernes.

Aussi était-il le seul qui pût illustrer les Diaboliques qu'un artiste, foncièrement chrétien comme Barbey d'Aurévilly, était, seul aussi, apte à écrire.

D'aucunes de ces illustrations sont d'authentiques œuvres de synthèse figurée et de symbole plastique. Je ne parle pas ici, bien entendu, de ces eaux-fortes si misérablement réduites pour les besoins du tirage de l'édition Lemerre, mais bien des originaux, des vernis mous, dans lesquels l'artiste a pu, en se libérant de la minutie d'un format de poche, travailler sur de valables planches.

A ne citer que les plus curieux, voici d'abord deux postfaces qui traitent le même sujet : « La prostitution et la folie dominant le monde. »

Dans l'un, une femme à pieds de chèvre, debout, sur l'un des pôles de la terre émerge d'une nuit semée d'étoiles. Nue jusqu'aux cuisses, elle avance une tête laide et pourtant jolie, sourit avec la grâce provocante d'une garçonne ivre, arrondit des yeux turbulents, ouvre une bouche qui crie des ordures de barrières et hue le firmament, tandis que, d'un geste crapuleux, elle se remue le chignon d'un tour de poing. Elle fleure le trottoir et le bagne, évoque l'image de la pierreuse qui joue du couteau dans les terres vagues. Derrière elle, une Folie capripède, sous les traits d'une vieille femme, glisse son bras sous le sien, lui découvre le ventre, regarde sous son bonnet à grelots et à pointes, avec le sourire paterne et cupide des macqua et des marcheuses.

Dans l'autre, sur le même pôle, en un ciel plus clair, une femme se tient également debout; mais ce n'est plus la tête de la voyoute blonde de tout à l'heure ; c'est une haute et forte brune qui soulève ses cheveux défaits, rit insolemment, de sa large bouche, relève la chemise de passe qui la couvre. C'est la belle fille des maisons vantées ; elle est de faubourg moins excentrique, de chairs plus saines, d'instincts moins tapageurs et moins traîtres. Derrière elle, aussi, la Folie tend la tête et sourit, maternelle et retorse, butée sur ses pieds de bouc.

Cette brune ne raccroche pas Dieu comme la blonde qui fait la retape en plein ciel, ou celle-là, du moins, sourit, silencieuse, mais n'interpelle pas les célestes Clients, n'engueule pas les astres.

De sujet moins général est cette autre planche qui illustre la fauve nouvelle du « Bonheur dans le crime. » Sur un socle où repose, dans sa crinière de serpents, le pâle visage de la Méduse, le couple meurtrier s'enlace, tandis que la morte déterrée se traîne à genoux dans son suaire, hurle des imprécations, supplie de la venger la Gorgone qui sourit de ses lèvres impassibles et de ses yeux blancs.

L'on peut remarquer encore l'eau-forte du « Dessous d'une partie de Wisth » avec sa figure maigre et élancée de femme, marchant sur un fœtus, regardant fixement devant elle avec une tête aux tempes osseuses, aux yeux ronds et rentrés, une tête dont l'invisible bouche, barrée par dix doigts qui soulèvent un bâillon, imite la denture des cadavres, le rire affreux des morts.

Mais le « Sphynx, » qui devance le texte du livre et qui est l'une des pièces les plus lettrées de M. Rops, rentre plus spécialement dans la catégorie des planches symboliques dont je m'occupe. Celle-là s'ordonnance ainsi :

Sur un Sphynx allongé dans l'attitude hiératique précise, les seins rigides et durs, les pattes alignées en avant, les cuisses repliées, et la tête droite, la femme se glisse, nue, enlace le col de la bête, se hausse à son oreille et, tout bas, la supplie de lui révéler enfin le surnaturel secret des jouissances inrêvées et des péchés neufs. Vicieuse et câline, elle frotte ses chairs contre le granit du monstre, tente de le séduire, s'offre à lui comme à l'homme dont elle voudrait extirper l'argent, reste fille, même transportée dans cette scène hors du monde, même magnifiée par cette inquittable nudité de déesse ou d'Eve.

Tandis qu'elle presse, en chuchotant, le cou de l'immobile sphynx, Satan, en habit noir, le monocle à l'œil, assis entre les deux ailes qui se dressent, tels que des croissants évidés sur le dos du monstre, écoute, attentif, l'aveu du délirant espoir qui obsède cette âme sur laquelle son pouvoir est sûr.

Et cependant, il semble que lui-même ait besoin de sonder cet inscrutable puits dont il n'a pas encore reconnu le fond. Celui-là c'est le vrai Satan apprivoisé de cette fin de siècle, un gentleman, muet et propre, longanime et tenace; il est imparfait, usé, vieux; obligé maintenant de se rendre compte, il n'a plus la colossale allure de son âge mûr; il doit écouter au dehors, n'entend plus au dedans, ne se sert plus peut-être, dans ses chasses aux âmes, que des facultés limitées de l'homme.

L'on pourrait adjoindre à ces séries de nombreuses planches, car cette œuvre gravée sans souci de la gloire boulevardière par un artiste vivant à l'écart des variables hourras des foules, est immense. Un catalogue rédigé par M. Ramiro énonce, en dehors des lithographies, plus de six cents pièces, mais leur détail ne nous susciterait pas des sensations différentes de celles que j'ai citées et qui semblent suffire pour se figurer quel est le tempérament particulier de M. Rops.

L'on pourrait, en somme, après quelques finales explications, résumer ainsi, je crois, l'appoint qu'il apporte à l'art :

Contrairement à ses confrères qui sont presque tous nés dans des étables et des sous-sols et dont l'instruction s'est faite dans les écoles communales et les beuglants, M. Rops, dispensé d'origines ouvrières ou paysannes et investi d'une éducation toute littéraire, est le seul qui, dans la plèbe des crayonnistes, soit apte à formuler les synthèses du frontispice dont il demeure l'unique maître, le seul surtout qui soit de taille à réaliser une œuvre dans laquelle se résume le passif de l'éternel Vice.

Initié, en ces matières, maintenant omises, par Baudelaire et par Barbey d'Aurévilly qui

l'avaient précédé dans la voie du Satanisme, il
l'a explorée jusqu'à ses confins et, dans un art
différent, il est vraiment celui qui a notifié la
diabolique ampleur des passions charnelles.

Il a restitué à la Luxure si niaisement confinée
dans l'anecdote, si bassement matérialisée par
certaines gens, sa mystérieuse omnipotence; il
l'a religieusement replacée dans le cadre infernal où elle se meut et, par cela même, il n'a pas
créé des œuvres obscènes et positives, mais bien
des œuvres catholiques, des œuvres enflammées
et terribles.

Il ne s'est pas borné, ainsi que ses prédécesseurs, à rendre les attitudes passionnelles des
corps, mais il a fait jaillir des chairs en ignition,
les douleurs des âmes fébricitantes et les joies
des esprits faussés; il a peint l'extase démoniaque comme d'autres ont peint les élans mystiques. Loin du siècle, dans un temps où l'art
matérialiste ne voit plus que des hystériques
mangées par leurs ovaires ou des nymphomanes
dont le cerveau bat dans les régions du ventre,
il a célébré, non la femme contemporaine, non
la Parisienne, dont les grâces minaudières et les
parures interlopes échappaient à ses apertises,

mais la Femme essentielle et hors des temps, la Bête vénéneuse et nue, la mercenaire des Ténèbres, la serve absolue du Diable.

Il a, en un mot, célébré ce spiritualisme de la Luxure qu'est le Satanisme, peint, en d'imperfectibles pages, le surnaturel de la perversité, l'au-delà du Mal.

*Des Prix. — Jan Luyken.*

Être riche, très riche ! et fonder à Paris, en face de la triomphale ambulance du Luxembourg, un musée public de la peinture contemporaine.

Réunir des œuvres d'art, enfin ! — Acheter et exposer, chaque jour, sans redevance, dans des salles claires : Les Salomés, l'Hélène, la Galathée, l'Hydre de Lerne, de Gustave Moreau ; l'Olympia et le Torréador mort de Manet ; des danseuses et des femmes nues de Degas ; le portrait de « ma mère, » le Carlyle, quelques-uns des nocturnes et des harmonies de James Wisthler ; des marines de Claude Monet de la collection Durand-Ruel ; les sentes du chou, de Pissarro ; le café et la femme à la fenêtre de Caillebotte, les premières Folies-bergère et certains intérieurs de J.-L. Forain ; des portraits féminins de l'ancien Renoir ; une ou deux natures mortes de Cézanne ; la plaine de Gennevilliers, la Seine en hiver, de Raffaëlli ; la récréation et le furet, de Bartholomé, quelques Sisley, triés dans son œuvre.

Puis, dans la salle de blanc et de noir des fusains de Redon ; les admirables eaux-fortes de Wisthler ; les bonnes pierres du pauvre Bresdin ; les anciens Legros ; les Sataniques de Rops, des Chéret ; enfin avec le battant de porte et la superbe interprétation du David, de Moreau par Bracquemond, les scènes intimes de Bonvin qui furent exposées, en octobre 1887, chez M. Georges Petit et qui décèlent chez ce faux et lent Hollandais, chez ce vulgaire et pénible peintre, un talent d'aquafortiste, noir en chair, décidé, presque bizarre.

Mais quel est celui des Rothschild, des Camondo, des Judas, des Hirsch, qui songerait même à atténuer par une telle donation, par une telle œuvre, le permanent outrage que sa scandaleuse fortune nous impose ? Inutile de le dire, aucun de ces détenteurs n'y a pensé !

Il est vrai que le propre de l'argent est de

parfaire le mauvais goût originel des gens qu'il gorge ; aussi la richesse va-t-elle, en peinture là où son groin la mène, aux Meissonnier, et aux Jacquet, aux Munkacsy et aux Henner, aux Bouguereau et aux Detaille !

Mieux que l'exécrable Banque encore, le grand négoce américain l'atteste :

A la mort d'un archimillionnaire nommé Stewart qui s'était enrichi dans la vente des soies et des jupes, une vente de tableaux eut lieu :

Les toiles récoltées par ce haut mufle et logées par lui dans un palais de marbre à New-York, ne le cédaient en rien aux panneaux recueillis par un sieur Morgan, un autre galope-chopine promu nabab, et dont la collection composée de Vibert, de Jules Breton, d'un tas d'autres huiliers, se vendit l'exorbitante somme de 4,427,500 francs.

Aussi, tous les potentats des puits à pétrole, tous les caciques du cochon salé accoururent à la vente Stewart, et, après dix vacations, enlevèrent aux prix que l'on va dire :

| | |
|---|---|
| *Le Retour de la Moisson*, de Bouguereau . . . . . . . . . . . . | 40,500 fr. |
| *L'Agneau nouveau-né*, du même . . . | 25,000 » |

*Le Pâturage*, de Troyon . . . . . 55,000 fr.
*L'Enfant prodigue*, de Dubufe . . . 15,200 »
*Une Collaboration*, de Gérome . . . 50,500 »
*Un Soir sur une terrasse*, de B. Constant. 20,000 »
*Le Repos pendant la manœuvre*, de
Detaille . . . . . . . . . 18,000 »

Trois œuvres atteignirent :

*Le Marché aux chevaux*, de Rosa
Bonheur . . . . . . . . . 280,000 fr.
*L'Assemblée d'enfants*, de Knauss . . 106,500 »
Et enfin *Le 1807*, de Meissonnier. . 330,000 »

Ce dernier tableau fut acquis par un sieur Henri Hilton, qui me semble bien ladre, si je le compare à un autre Américain, à un marchand de chaussettes de Philadelphie, à un certain John Wanamaker qui ne craignit pas d'acheter, quelques semaines auparavant, 600,000 francs, « Le Christ devant Pilate, » cet indigent décor brossé par le Brésilien de la piété, par le rastaquouère de la peinture, par Munkacsy !

Les supplices joyeusement délibérés par les anciens despotes avaient leur utilité peut-être. Ils satisfaisaient au moins, dans certains cas, le besoin de justice qui est en nous. En songeant à la prodigieuse imbécillité de ces dollars et à la rare infamie de ces toiles, je rêve volontiers devant la vieille planche « des Martyrs » de Jan Luyken. Elle contient, en effet, quelques tortures qu'en imagination j'appliquerais avec une certaine aise, je crois, à la plupart de ces acquéreurs.

Celles-ci, peut-être : les attacher, nus, sur une roue qui, emmanchée d'une manivelle, tourne et pose le corps, alors qu'il descend et atteint la terre, sur une rangée aiguë de très longs clous ; ou bien asseoir ces suppliciés sur des chaises rouges et les coiffer délicatement de casques chauffés à blancs ; — les attacher encore par un seul poing à un poteau, après leur avoir lié préalablement les jambes, et leur enfoncer difficilement, presque à tâtons, à cause du va-et-vient du corps qui se recule et cherche à fuir, la spirale ébréchée d'un vilebrequin énorme.

Mais quoi! ces nécessaires représailles nous lasseraient aussi ! Et puis les chevalets, les bassines à poix, les tenailles et les pinces, les doloires et les scies s'useraient à tourmenter la multitude des acheteurs et des peintres. On enrichirait ainsi les manufacturiers de l'acier médical et du fer et comme, eux aussi, ils acheteraient des Gérome et des Bouguereau, ce serait une chaîne ininterrompue de supplices que prolongeraient, dans les siècles à venir, les générations issues de leur misérable commerce avec des femmes elles-mêmes enfantées, dans des oublis de négociants véreux et repus.

*\*\**

## JAN LUYKEN

#### UNE AUTRE PLANCHE DU VIEUX LUYKEN

La Saint-Barthélemy. A vol d'oiseau frisant et bas, un Paris étrange : des clochers d'églises en hélices, en aiguilles, en flèches; des dômes quasi modernes de panoramas et de cirques, des pignons presque contemporains en forme de prises d'air d'hôpitaux et de collèges, surmontés d'une croix, s'exhaussent au-dessus de maisons dont les toits déchiquettent l'air avec leurs créneaux d'engrenage, leurs marches d'estrades, leurs dents de scie.

Dans les rues de ce faux Paris hollandais, sur une grande place, des bâtiments éventrés, violés, des portes béantes, des croisées ouvertes et des femmes, des enfants écrasés contre les murs, arrachés des corridors, piétinés à coups de bottes, assommés à coups de marteaux et de rames, percés à coups de dagues; des gens chassés sur les toits, s'accrochant aux cheminées en grappes, glissant dans les gouttières, délogés à coups d'arquebuses, lancés à tour de bras par les fenêtres, achevés par une troupe de bateliers et de reîtres.

Sous le vent d'une panique qu'accélèrent le mugissement des tocsins et le fracas des trompettes et des caisses, des familles fuient que les assassins atteignent; des femmes à genoux joignent les mains, supplient, abritent des enfants qui pleurent; des moribonds se soulèvent sur un coude et implorent avec des bouches sans voix et des mains qui pendent; d'autres, étendus, essaient encore de se défendre, tandis qu'enseignes déployées et tambour battant, des hallebardiers s'avancent vers Coligny, décapité, nu, traîné au galop par un attelage de forcenés qui braillent des vivats le chapeau en l'air.

Un souffle mou, un peu salé d'abattoir imprègne cette planche dans laquelle la Seine, que domine une illusoire Notre-Dame, charrie des gestes de défi, des hurlements et des blasphèmes, des agonies aux membres révulsés, aux cheveux droits.

Telle est, notarialement exposée, l'ordonnance de cette gravure. D'ensemble extraordinaire, car elle bouillonne en quelque sorte avec son brouhaha et son grouillement de foule, cette rare estampe, parcellée en chacun de ses nombreux groupes, stupéfie par l'alerte des mouvements, par l'expansion des physionomies dont les passions excédées s'effarent, tantôt héroïques, tantôt triviales. C'est tout à la fois intime et féroce; hollandais, bonhomme par le détail scrupuleux et juste ; calviniste enragé, génevois, par la cruauté religieuse et froide.

Tout ce que cet homme pouvait avoir de pitié dans l'âme, il l'a certainement mise dans son œuvre, mais sous cette pitié puritaine, comme rentrée, sourdent des sursauts de rage ; ennemi par son tempérament même des pompes suppliciaires du Saint-Siège, il a dénudé en d'horribles procès-verbaux, recuit et condensé en d'âpres scènes les studieuses tortures que la férocité théâtrale des catholiques infligeait à ces ennuyeux huguenots dont la race, si mal arrachée par les jardiniers de Rome, a poussé jusqu'à nos jours ses rejetons d'hypocrites bourgeois et de tristes et de sots pasteurs.

Hanté, de même que d'Agrippa d'Aubigné, par des sujets bibliques et atroces, Luyken a illustré l'histoire des juifs (1) et longuement décrit les épisodes qui ensanglantèrent la vie de cet inextirpable peuple.

D'aucunes de ces planches sont admirables. Les plaies d'Egypte, entre autres, où, sous les langues de flammes qui tombent d'un firmament fou, se tordent des moribonds sans forme humaine, des têtes mangées par des bouches de plaies, des bras en manchons, des membres éléphantins et spongieux, des jambes mamelonnées d'ampoules, boursouflées de cloches ; d'autres encore où, sous des ciels sillés de foudre, rayés de grêle, des chevaux aveuglés se cabrent, des troupeaux éperdus s'emportent ; d'autres, enfin, comme celles « des Ténèbres, » et de « la Tour de Babel » où, sous le menaçant prodige des monuments qui tremblent, travaillent des foules

(1) Mosaize historie der Hebreeuwse. Amsterdam, — in-folios, — sans date.

affairées où errent des multitudes qui trébuchent dans la nuit du jour, en hurlant de peur.

Luyken fut un maître dont la personnalité demeure invincible. Aucun n'a su, en effet, rendre mieux que lui le pullulement passionné des masses et plus clairement divulguer la parole ou le cri de la créature qui jaillit, toute vive, d'un dessin noir. Il n'est aucune de ses planches qui ne soit marquée à sa très spéciale étampe, alors même qu'il peint des intérieurs bourgeois, ainsi que dans « son ameublement instructif avec des sentences divines et des pensées édifiantes » (1), ou qu'il s'amuse à dessiner des batailles, que renouvela depuis Gustave Doré dans les vignettes des « Contes Drôlatiques, » des batailles où un chevalier coupe d'un revers d'épée un Sarrazin et son cheval, au milieu des feux d'artifice du sang qui gicle en jet d'eau du corps écarté, coupé en deux tranches que rejoignent encore un peu, tels que des lacets débridés, les fils dérangés des nerfs.

Puis il a su trouver un accent particulier,

---

(1) Het Leerzaam Huisraad, etc. — Te Amsterdam, by de Erven van f. Houttuyn, — in-18 — 1771.

renouveler, faire siennes des poses exactes et connues, les bras levés dans un moment de détresse au ciel, les têtes gémissantes cachées dans les mains, le lancé, le galop des corps qui se démènent et courent ; il a su s'approprier un type de jeune homme, élégant et long, très naturellement et très décorativement drapé, et des types de vieux israélites dont la méridionale mimique discute, ainsi que dans « la Résurrection de Lazare, » la véracité ou l'aubaine à tirer de ce miracle.

Eparse dans des livres et confinée dans les anciennes librairies de la Hollande, son œuvre, composée de plus de 4,500 gravures et d'un portrait à l'huile, le seul du moins que l'on connaisse, le portrait de sa mère, qui appartient au baron Van Six Hillegom, est presque ignorée en France. Jan Luyken ou Johannès Luycken naquit le 16 avril 1649, à Amsterdam, de Gaspard Luyken, écrivain, et de Hester Coores, son épouse, sans profession. Il fut élève de Martinus Zapnolen, se maria, à 19 ans, avec Maria de Oude, eut cinq enfants, tous morts jeunes, excepté un fils, Gaspard, qui a signé avec lui la Saint-Barthélemy et quelques autres planches et qui est mort en 1660, par conséquent avant son père, décédé à Amsterdam, le 5 avril 1712.

Enfin, en tête de l'un de ses livres intitulé : « Le Commencement, le Milieu et la Fin de l'Homme, » livre qui contient sur une page les psaumes et sur l'autre ses poésies en paraphrases, Jan Luyken a gravé son portrait.

Il fut malaisé, je crois, d'être plus laid. Imaginez, sur une bouche à bourrelets dans laquelle pénétreraient facilement les pelles jetées sur les tenders, un nez busqué, à cascades et à bosses, terminé en des narines ouvertes comme des cuves, aux rebords taillés à biseaux ainsi que le nez des chiens de chasse; de chaque côté, de petits yeux creux, puis des cheveux secs, séparés par une raie au milieu et tombant sur les tempes, à plat. Il semble, au premier regard, dolent et idiot ; puis, à le scruter longuement, l'incohérence de ces traits s'assemble. On découvre dans ce front carré, presque brut, dans ce nez humant et fureteur, la volonté de l'observation pertinace et ténue ; dans ces yeux enfoncés, allumés de lueurs sèches, dans cette tête maladive et bilieuse, dans cet air égaré contredit cependant par la certitude de la mâchoire, l'on sent une bonté sans effusion et sans tendresse, une exaltation comprimée d'apôtre, un fanatisme de folie mystique, une furie d'art obsédé par les sanglantes visions d'une idée fixe. Et cela concorde avec les épisodes de sa vie que j'ai déjà relatés dans : *A Rebours*. Au temps de sa jeunesse, il fut poète et paracheva des poèmes libertins dont le succès fut grand; puis la grâce vint, mais la grâce farouche et terrible des protestants; pris de remords, il racheta tous les exemplaires de ses livres pour les brûler; mais, à mesure qu'il consumait un exemplaire, un autre paraissait, tiré à nouveau par l'éditeur. Il devint enfin complètement illuminé, donna ses biens aux pauvres et s'embarqua avec une servante fanatisée par lui, sur un bateau, ne mangeant plus, prêchant la bonne parole, chantant des psaumes, clamant, hagard, par les villes étonnées, des prophéties et des menaces.

*Le Monstre.*

Le monstre en art n'existe réellement pas ou plutôt n'existe plus, à l'heure qu'il est, pour nous. L'imagination qui, dans tous les temps, se complut à créer la beauté de l'épouvante a peu varié et n'a obtenu des images de monstres qu'en développant et en déformant les grands carnassiers ou en prenant au corps humain certaines de ses parties qu'elle alliait à d'autres empruntées à des corps redoutés de bêtes.

En raison de leur certitude de fiction et de l'incohérence de leurs membres forcément juxtaposés, ces monstres ne semblent plus pouvoir faire naître aujourd'hui en nous les sensations auxquelles les destina l'artiste qui voulut symboliser les divinités mauvaises et le crime, et susciter l'horreur.

L'antiquité les rêve de structure énorme mais relativement simple. En Assyrie, ce sont des taureaux, tiarés, androcéphales, à ailes d'aigles, des dragons volants, des mammifères à museaux de fauves. Bérose nous a conservé la description des monstres qui, d'après la genèse chaldéenne, peuplaient la terre : c'étaient des hommes avec des jambes et des cornes de chèvre, des hermaphrodites à sabots de cheval, des chiens à quatre corps et à queue de poisson, des hippocentaures, des juments à mufle de molosse, des bêtes tenant de l'esturgeon et du reptile.

En Egypte, les Canopes ont des têtes d'épervier, de chacal et d'homme ; la Touéris qui protégeait les gésines était un hippopotame à ventre et à seins de femmes ; nombre de statuettes nous montrent, plantées sur des troncs humains, des gueules de léopards et de lionnes. Dans l'Inde, ce sont des êtres gigantesques pourvus de mille têtes, armés de défenses de sangliers, hérissés par d'innombrables bras. Au Cambodge, l'art Kmer invente également d'improbables bêtes, l'oiseau Krouts qui tourne au griffon, le

Garuda dont le torse masculin s'achève en la tête d'un volatile, le Yali qui tient du dragon et de l'ocelot ou du guépard.

En Grèce, la plupart des monstres naissent de l'accouplement d'Echidna, mi-femme, mi-serpent, avec le géant Typhon, au corps sillonné de vipères embusquées dans des taillis de plumes, à la bouche crachant des dards et mâchant des flammes. Ils enfantent la lignée célèbre : Orthros le chien bicéphale, le Dragon aux cent têtes des Hespérides, le Python aux cent bouches, l'Hydre de Lerne, la Chimère et la Gorgone, le Sphynx, dont la structure bestiale et humaine est la plus compliquée de toutes.

En somme, si l'on excepte les colosses terrestres, les Titans et les Hécatonchires, c'est-à-dire la forme normale déformée ou agrandie et montant jusqu'au ciel, c'est au serpent amplifié, au dragon, que la mythologie grecque recourt pour créer ses monstres.

Au moyen âge, le dragon se perpétue, surgit à peine modifié depuis les temps antiques dans les sculptures des cathédrales et les vies de saints. Il a l'apparence d'un serpent ailé, ploie une échine griffée de crocs, brandit dans la gueule du crocodile la langue en fourche du python, s'embranche en des types dérivés tels que la tarasque, conserve, malgré tout, la forme du reptile et du saurien. Puis, en face du dragon qui personnifie, dans la naïveté de ces époques, la suprême férocité du monstre, le côté démoniaque et luxurieux se divulgue par le porc, le crapaud ou le bouc associé à une croupe d'homme. Tout le gros bétail est mis à contribution par ces admirables tailleurs imagiers qui suivaient les humbles confréries des « Logeurs du bon Dieu » et, sous les ordres du maître d'œuvre, sculptaient ces prodigieuses cathédrales dont les tours montaient, au chant des psaumes.

La ceinture de monstres qui entoure Notre-Dame de Paris le prouve. Ce sont d'extravagants oiseaux perchés sur la flore saxonne des balcons de pierre. Les stymphalides des mythes grecs qui empruntent aux dures souplesses des aciers et des fers, les flèches de leurs plumes, les sécateurs de leurs becs, les ongles de leurs serres, revivent en ces sculptures, moins menaçantes et moins torves. Egayées par des mantes de vieilles femmes et des capuchons de moines, elles tendent sous la tenaille de leur rostre des jabots papelonnés d'écailles et bâillent, sans hostilité, les ailes rabattues, très lasses. Puis elles s'éloignent du type ancestral, se muent en de gigantesques perruches greffées de vautour et de coq, en de fabuleux volatiles piétés sur des pattes de lions et d'onces, hérissés de plumes découpées dans de courtes mailles qui simulent la cotte imbriquée des vieux Gaulois et les squammes relevés des poissons qu'on râcle.

Ces oiseaux alternent avec toute une ménagerie de bêtes aux formes restées intactes, telles que le bœuf, l'éléphant, le pélican et l'aigle, qu'accompagnent des groupes de démons et de monstres : des lices à deux têtes, à mamelles de nourrices et à pieds de chats ; des béliers aux bras de lutteurs terminés en des ongles crochus comme des fers de gaffe ; des buffles aux bustes épilés sur lesquels brinqueballent des pis de femmes maigres ; des griffons aux yeux endormis et faux, et aux dents de morses ; des fauves à ventres et à mains d'hommes ; des boucs aux torses velus surmontés de faces au profil de chameau, aux cornes d'élan, aux yeux en cocarde, aux pieds bifurqués tenant de la patte du marabout et de la bique.

Malheureusement, si les vocables proférés par ces sculptures restent à peu près clairs, le sens des phrases qu'ils doivent figurer dans l'extraordinaire page écrite autour de Notre-Dame, demeure à jamais perdu.

Le symbolisme chrétien a, en effet, gardé la compréhension des mots imaginés par ces animaux de pierre. Il enseigne bien, en sus de l'idée connue que représentent le lion, le bœuf, l'aigle, les bêtes évangélistes dont les têtes servent à la confection du Tétramorphe, que le coq symbolise la hardiesse brutale et la vigilance, que le vautour, autrefois considéré par les Egyptiens comme l'emblème de la Maternité, signifie, dans la Bible, la cruelle rapacité du démon même. Il atteste bien que le pélican n'est autre que le Sauveur qui nourrit les petits de son sang et qu'il est en outre, au XIII$^e$ siècle, l'image de David méditant sur la Passion du Christ; il attribue aussi au lièvre la prudence de l'âme que la tentation effare; à l'éléphant, symbole du grand pécheur, l'orgueil énorme qui piétine tout. Il détermine enfin que le chat allégorise le pillage et l'astuce, que le lézard simule l'idolâtrie, que le limaçon, dont le corps sort et rentre dans la tombe figurée par sa coquille, désigne la Résurrection attendue des morts. Il ajoute encore que la grenouille spécifie l'avarice, la luxure, le diable, et que le poisson, grâce aux monogrammes mystiques de son nom grec, est Notre Seigneur Jésus même. Il hésite néanmoins pour d'autres bêtes, telles que l'aigle qui accompagne pourtant l'apôtre Jean et qui est notifié dans les Ecritures, tantôt comme le Christ, tantôt comme une bête immonde ; telles que le taureau qui passe, d'une part, pour incarner la furie des viols et, de l'autre, qui se confond avec le bœuf, devient la bête du travail et du sacrifice, finit par prêter, ainsi que le Bélier, son nom à Dieu.

Or, plusieurs de ces animaux perdent la qualité qui leur est propre, s'assemblent et se combinent en un seul, parmi les fantastiques statues qui cernent les tours de Notre-Dame ; en associant les symboles que chacun d'eux représente et en en ordonnant l'ensemble, l'on pourrait évidemment retrouver, pour quelques monstres, les acceptions qu'ils précisent, mais nous n'en demeurerions pas moins inaptes à relier la chaîne de ces vocables et à déchiffrer l'inexplicable texte.

Notre-Dame est maintenant un hiéroglyphe où les iconographes chrétiens épellent des mots isolés et tristes, où les alchimistes recherchent vainement la recette de la pierre philosophale, dans une image sculptée le long d'une porte.

Dans tous les cas, on peut affirmer que c'est sur cette cathédrale que s'érige l'une des plus merveilleuses théories de démons et de monstres.

Penchés depuis cinq cents ans au-dessus de l'énorme ville qui les ignore, ils contemplent sans se lasser les incommutables assises de la bêtise humaine. Ils suivent à travers les âges les exploits du vieil homme obsédé par le souci charnel et l'appât du gain ; ils hument l'exhalaison des inusables vices, surveillent la crue des vieux péchés, vérifient l'étiage de l'éternelle ordure que choie l'hypocrite voirie de ces temps mous.

Sentinelles placées à des postes oubliés sur des seuils perdus dans l'au-delà des vents, ils exécutent une consigne inconnue dans une langue morte. Ils ricanent, grincent, grondent, sans pitié pour les affreuses détresses qui clament pourtant, sous leurs pieds, dans les douloureux lits des hôpitaux voisins. Ils incarnent les puissances nocives à l'affût des âmes; ils démentent le miséricordieux espoir des principales images sculptées, plus bas, sur le portail, contredisent la Vierge et le saint Jean dont les statues supplient le Seigneur de rédimer enfin ce misérable peuple qui radote et délire depuis cinq siècles!

Mais cette beauté de l'épouvante qu'à Notre-Dame d'anonymes imagiers ont voulu rendre, se perd au moyen âge même qui s'éjouit souvent dans les facéties de ses gargouilles; plus tard, l'imagination renonce à susciter la peur, dévie complètement dans la joie et c'est alors que la farce naît. Les tentations de saint Antoine se succèdent, les animaux comiques se mêlent aux Satans cocasses.

Dans le Jugement Dernier de Stéphan Lochner, au musée de Cologne, des diables poussent des pécheurs vers une forteresse en flammes qui simule les territoires en feu du vieil enfer. Ces diables portent sur des corps d'hommes poilus des têtes de loups surmontées d'oreilles semblables aux oreilles non coupées des bouledogues. Leur tête est en outre répétée sur chacun de leurs genoux; une troisième, placée au bas du ventre, couvre les génitoires, symbolise avec les deux autres, le principe adverse de la Sainte Trinité qui étant le Bien suressentiel voit en même temps le présent, le passé, l'avenir ; mais ces démons sont peu terribles ; ils côtoient de très loin les frontières de l'épouvante ; ils tournent, en somme, à la mascarade, se muent en des personnages bouffes.

De son côté, Martin Schongaüer invente des bêtes allongées, découpées à arêtes vives, des bêtes moitié tigres et moitié poissons, des singes à ailes de chauve-souris et dont le museau se termine en des trompes agrandies de mouches. Jérôme Bosch, les Breughel, associent les légumes, les ustensiles de cuisine au corps humain, imaginent des êtres dont le crâne est une boîte à sel ou un entonnoir et qui marchent sur des pieds en forme de soufflets et de léchefrittes. Dans les tableaux de Breughel d'Enfer, à Bruxelles, des grenouilles se pâment, se délacent le ventre et lâchent des œufs ; d'impossibles mammifères avancent des gueules de brochets et dansent la gigue sur des tibias emmanchés dans des pastèques ; dans ses estampes des « Péchés capitaux » la fantaisie furieuse s'accentue encore, des sangliers courent sur des jambes en navet et remuent des queues tissées par des radicelles et des tiges; des faces humaines sans corps roulent au bout d'une patte de homard qui leur sert de bras; des oiseaux dont le bec s'ouvre en coquille de moule et dont l'arrière-train est une queue de congre, sautillent sur deux mains, la tête en bas, courent comme des brouettes; c'est une réunion d'êtres hybrides, légumineux et masculins, un mélange d'objets industriels et de cul-de-jatte. Avec l'intrusion de l'ustensile de ménage et de la plante dans la structure des monstres, l'effroi prend fin; la beauté de l'épouvante meurt avec ces créatures burlesquement agencées, par trop fictives.

De son côté, Callot reprend bien l'antique dragon et les anciens diables; mais il ne suggère ni l'émoi, ni le rire; son invention est banale et l'accent de ses planches est nul.

Dans le moderne, aucune tentative. Tout au plus peut-on citer, à ce point de vue, l'âcre et l'oblique, le libre et fumeux Goya. Mais ses « Caprices » tournent au libelle et lorsqu'il aborde de pénibles sujets, semblables à celui de cette femme qui s'efforce d'arracher les dents d'un pendu, il aboutit simplement au macabre. D'autre part, dans ses « Proverbes, » il a mainte fois mis en scène des sorcières et des démons, mais ils sont nantis sur des corps humains, d'oreilles de baudets et de pieds de boucs ; ils n'apportent donc pas une note originale dans le rituel interrompu des monstres. Une seule de ses eaux-fortes, en un coin de laquelle surgit un être dont la mâchoire est fendue en groin et dont le front arbore un œil énorme comme un fanal, pourrait évoquer maintenant des rêveries propices.

Quant à M. Ingres, il imagina un bon tocasson d'étain, alors qu'il peignit son Angélique ; depuis lors, les Japonais sont les seuls qui tentèrent de procréer réellement des monstres. Certaines figures d'Hokousaï, des femmes surtout, semblables à des fées pendues dans de la brume, avec des cheveux tombant en saule-pleureur sur des faces diminuées et pâles, ont des aspects de fantômes, réalisent des apparitions de spectres, mais elles ne constituent pas, à proprement parler, des monstres et, d'autre part, les chimères japonaises, en terre bariolée, avec leurs lèvres à retroussis, leurs yeux projetés tels que ceux des limaces, au bout de pédoncules, leurs queues en toits-pagodes, leur corps tout à la fois verruqueux et poli, sont d'allure décorative, de maintien presque héraldique, mais elles ne peuvent être prises au sérieux et susciter d'autres pensées que celles de la tapisserie qui les fait valoir ou du piédouche qui les porte.

Si parcourue qu'elle ait été, la voie des monstres est donc encore neuve. Et plus ingénieuse cette fois que l'homme, la nature les a pourtant créés les véritables monstres, non dans le « gros bétail, » mais dans « l'infiniment petit, » dans le monde des animalcules, des infusoires et des larves dont le microscope nous révèle la souveraine horreur.

Il semble, en effet, que rien ne puisse égaler l'angoisse et l'effroi qu'épandent les pullulements de ces tribus atroces. L'idée du monstre qui est peut-être née chez l'homme des visions enfantées par des nuits de cauchemar, n'a pu inventer de plus épouvantables formes.

Quel artiste, même dans les songes brisés des fièvres, a pu rêver ces vivantes et humides vrilles qui grouillent comme les Filaria, dans nos urines et dans nos veines ; quel peintre a pu forger, dans des heures de trouble, la Douve, cette feuille de myrte qui se recroqueville, coule, se reprend, titille dans le foie lacéré des vieux moutons; quel poète, en quête de monstres, découvrirait le Dracunculus, le Ver de Médine, qui, près du Gange, habite le tissu cellulaire des pieds et se lave dans le pus des abcès qu'il forme; quel homme enfin imaginerait cette cohue de substance qui remue des têtes en hémisphère, armées de crochets et de pinces, éclairées d'yeux taillés à facettes ou exhaussés en dôme, cette cohue sinistre et féroce de lacets annelés, de fils tubicoles, d'oxyures, d'ascarides, d'asticots, qui campent et vermillent dans les routes effondrées des ventres ?

Il y a donc là un nouveau point de départ, presqu'une issue neuve ; elle paraît avoir été découverte par le seul peintre qui soit maintenant épris du fantastique, par M. Odilon Redon. Il a, en effet, tenté pour fabriquer ses monstres d'emprunter au monde onduleux et fluent, aux districts des imperceptibles agrandis par les projections et plus terrifiants alors que les fauves exagérés des vieux maîtres, le prodigieux effroi de leurs grouillements.

C'est ainsi qu'en un album, il a cherché la traduction de cette phrase de Flaubert, dans la Tentation de Saint-Antoine. « Et toutes sortes de bêtes effroyables surgissent. »

Dans un ciel d'un noir permanent et profond, des êtres liquides et phosphoreux, des vésicules et des bacilles, des corpuscules cernés de poils, des capsules plantées de cils, des glandes aqueuses et velues volent sans ailes et s'enchevêtrent dans les rubans des trichines et des tænias ; il semble que toute la faune des vers filaridés, que toutes les peuplades des parasites fourmillent en la nuit de cette planche dans laquelle apparaît subitement la face humaine, inachevée, brandie au bout de ces vivantes spires ou enfoncée comme un noyau dans la gélatine animée des protoplasmes.

M. Redon a dû, en effet, recourir aux anciens concepts, marier l'horreur du visage de l'homme aux hideurs enroulées des chenilles, pour créer à nouveau le monstre.

Belluaire des infusoires devinés et des larves, il devait interpréter certaines phrases plus précises de la danse de la Luxure et de la Mort, dans la Tentation, celle-ci, par exemple :

« C'est une tête de mort avec une couronne de roses ; elle domine un torse de femme d'une blancheur nacrée et, dessous, un linceul étoilé fait comme une queue. Et tout le corps ondule à la manière d'un ver gigantesque qui se tiendrait debout. »

La lithographie qu'elle lui suggéra est une des plus redoutables que cet artiste ait faites.

Sur un noir imperméable, sourd, velouté de même que le noir de la chauve-souris, le monstre s'éclaire en blanc et gaufre la nuit de la forme cabrée du grand C.

La tête de mort au rictus agrandi, aux yeux pleins comme de pots de ténèbres, se renverse sur un buste de momie emmaillottée, les mains croisées sur une gorge en résine dure. De cette tête coiffée d'un long hennin à broderies, émane une sorte de grâce qui glace, alors que le monstre roidit sa croupe diaphane que rayent les oscillants anneaux en relief sous la peau froide.

Çà et là, des aspects perdus, de blanchâtres cocons épars dans l'ombre tremblent autour de cette effrayante image de la Luxure qui se fond, ainsi que le voulut le poète, en l'effigie de la Mort même.

Dans un second album également dédié à la gloire de Flaubert, de même que dans un autre recueil intitulé « Les origines, » le peintre a encore projeté par d'analogues combinaisons ses monstres.

Dans l'un, il a semé la gésine du monde de monades volantes, de têtards en pousse, d'êtres amorphes, de disques minuscules où s'ébauchent des embryons de paupières, des trous incertains de bouches.

Dans l'autre, sous ce titre : « une longue chrysalide rouge, » il a, devant le parvis d'un improbable temple, roulé sur une colonne basse le corps d'une mince larve dont la tête de femme se pose à la place que doit occuper le chapiteau sur la plateforme.

Et cette face, émaciée, blême, navrante avec ses yeux clos, sa bouche douloureuse et pensive, semble vainement espérer, comme une victime sur un billot, la tombée libératrice d'une invisible hache.

En dépit de sa structure toute moderne, cette figure ramène à travers les siècles, par l'expression profonde, unique des traits, aux œuvres dolentes du moyen âge ; elle relie avec M. Redon la chaîne interrompue depuis la Renaissance des Bestiaires fantastiques, des Voyants épris du monstre.

Seulement la grande science de la Symbolique Religieuse n'est plus. Dans le domaine du Rêve, l'art demeure seul, en ces temps dont les faims d'âme sont suffisamment assouvies par l'ingestion des théories des Moritz Wagner et des Darwin.

*Le Musée des Arts décoratifs
et l'Architecture cuite.*

Tous les mois, alors que languit le hors d'œuvre et que s'étiole le plat du jour, les journaux demandent qu'on abatte les ruines du Conseil d'État et qu'on érige à leur place ce Musée des Arts Décoratifs dont on nous assourdit les oreilles depuis des ans.

Les ponts-neufs défilent : « Ces ruines rappellent les plus mauvais jours de notre histoire. » « Le commerce va mal et l'industrie du bâtiment se plaint. » « Les chemins de fer suppriment les distances, mais l'on pourrait avoir, réunis dans la capitale du monde, les spécimens épars dans nos provinces du goût français, » etc.

Comme les expositions d'art font défaut et qu'aucun sujet important ne me presse, j'ai pensé qu'il serait peut-être intéressant de parler de ces ruines et d'envisager leur probable disparition, à deux points de vue : celui du Musée même et celui de l'architecture proprement dite.

Sans ambages, j'avouerai tout de suite que je n'attends rien d'utile de la création d'un tel musée; d'abord parce que les objets qui le composeront seront pour la plupart apocryphes, les apostilles parlementaires devant forcément nous imposer l'acquisition d'un tas de pannes, ensuite parce que l'ignominieuse camelotte des pastiches lancés dans le commerce souillera pour jamais les modèles vraiment artistiques qu'un bienveillant hasard permettra peut-être de glisser dans le monceau de vieux toc dont l'achat nous menace.

Il en sera de cela comme des anciens fers forgés qu'une armée de lampistes reproduit sans trêve, comme des antiques cuivres dont les déplorables imitations emplissent les resserres du Bon Marché et du Louvre; ce sera l'art japonais pour l'exportation, l'imprimerie sur faïence et sur étoffe, la cartonnerie des cuirs de Cordoue en papier-pâte, ce sera le luxe à bon compte, la pacotille qui dégoûte des originaux qu'elle simule, de même qu'un orgue de Barbarie dégoûterait d'une musique délicate qu'il se serait ingérée et qu'il rendrait, lorsque son maître, tournant la clef de l'irrigateur, refoulerait des mélodies plein ses tuyaux.

Ah! si ce projet se réalise, nous en verrons de belles! — Ce n'est donc pas assez que le premier venu puisse copier à la grosse les meubles du Musée de Cluny! Je sais bien que l'on n'est pas obligé de les acheter, mais il faut bien les voir puisqu'ils emplissent des boulevards entiers et des rues! — Et que sont ces boutiques à côté de ces magasins de faux Sèvres et de faux Saxe dont le boulevard Saint-Germain regorge? Tous les pots d'un bleu bête de turquoise lavée, ou d'un bleu lourd d'indigo, mastiqués de grecques en or mat, s'étalent, montés sur du cuivre de robinet, blasonnés sur le ventre de médaillons, de guirlandes de myrtes et de roses au centre desquelles des Estelle et des Némorin lutinent. L'horreur de cette vaisselle est incomparable et, quoi qu'on fasse, même en changeant de trottoir, il faut qu'on la subisse, car l'œil attiré par cette couleur crue s'égare quand même vers elle et s'y attarde; il y a là une impulsion forcée, morbide, l'attraction de l'horrible, la malacie du monstrueux, le pica du laid ! — Et je ne parle pas des redoutables étalages des pendules artistiques Louis XIII, fabriquées par des négociants dont l'extermination lente et compliquée me serait douce !

J'en arrive à regretter, en fait de tapisseries et de décor, les donjons et les chasses des stores autrefois appendus chez les charcutiers ; oui, je regrette le buste d'Hippocrate sur un socle de marbre brèche ; je regrette le ruisseau de verre filé qu'éventait un balancier ; je regrette tout, depuis la naïveté bébête et le mauvais goût certain de l'acheteur, jusqu'à l'hébétude souriante du fabricant ; car, en somme, ces pauvretés ne gâtaient rien et surtout ne contaminaient point, sous prétexte d'art appliqué à l'industrie, les œuvres originales de Musées que l'État devrait bien défendre !

J'ajouterai que ce projet insulte Notre Industrie Nationale qu'on déclare incapable de découvrir une forme quelconque et qu'on invite formellement, par la voie de la presse, à venir pasticher les objets qu'on exposera dans des vitrines. Il est vrai que lorsqu'elle invente quelque chose, Notre Industrie, elle décèle tout aussitôt les instincts raffinés d'une Caraïbe ; le plus surprenant spécimen qui se puisse citer à ce sujet s'étale dans une montre du Palais-Royal, chez un bijoutier. Cela représente la pendule du « Maître de Forge » et se compose d'un marteau-pilon d'acier qui monte et descend, au-dessous du cadran dont les aiguilles sont des lancettes ! Il est certainement malaisé de descendre plus bas dans l'abject et dans l'atroce, mais quelle collection d'art épurera le goût de l'homme qui a pu, sans se vomir, édifier une telle chose ? — A ce point de vue encore le Musée des Arts Décoratifs est inutile. Un industriel a du goût ou n'en a pas ; la prétention d'inculquer le sens esthétique à un commerçant est dérisoire. Ainsi que je l'ai dit plus haut, le seul résultat que nous puissions attendre de la gaveuse artistique que l'on médite, c'est la honte caricaturale et le dégoût de l'œil sain pour le modèle qu'il s'est longtemps plu à contempler.

Cette question du Musée des Arts Décoratifs mise à part, j'arrive à celle des ruines du Conseil d'État et de la Cour des Comptes.

Certes, jamais monument plus laid ne fut élevé. C'était poncif, pompier, coco, buffet, patriarche, chaufferette, tout ce que l'on voudra ; cette bâtisse puait le grec, le romain, le premier Empire, toutes les senteurs d'architecture les plus nauséeuses et les plus fades ; d'accord, mais cette odeur s'est maintenant évaporée ; le feu a désagrégé ce fastidieux amas de pierres, éventré la lourde panse, décoiffé enfin la tête de cette vieille bourgeoise dont il a fardé de rose et de vert le blanc grincheux du teint.

La carcasse de cette bâtise est subitement devenue auguste ; ses colonnes si patraques et si lourdes se sont allégées et elles filent presque altières dans le ciel. Par les cadres déserts des fenêtres et des portes, par les fentes du gros œuvre, par les trous des murs de refend, le soleil entre, éclaire les blessures fermées des flammes, caresse le bloc charbonneux des poutres, glisse sur le jais des moellons calcinés, orange la rouille des fers, rosit les briques, blondit les plâtres, dore du haut en bas l'immense cage où des milliers de corbeaux tournoient.

Au lieu d'une caserne affreuse, l'on a un palais écroulé de Rome, une fantaisie babélique, une eau-forte de Piranèse avec ses voûtes inachevées, ses arches perdues, ses galeries courant en l'air, s'interrompant, sautant par dessus le vide, ses masses colossales d'arceaux s'entrecroisant, les uns dans les autres, se barrant la route, se dégageant, se rejoignant encore par des baies taillées en pleins nuages, toute une architecture de rêve, tout un cauchemar de colonnes abruptes, taillées à coup de haches, dans la congestion d'un sommeil fou !

Puis une miniature de forêt vierge pousse sous les voûtes de ces ruines ; des arbres s'élèvent de toutes parts ; partout des arbustes ont descellé les dalles et des saxifrages ont brisé le marbre des terrasses ; partout des mousses vertes appuient le ton rose incrusté par le pétrole sur l'épiderme de certaines pierres, partout des jardins suspendus se balancent au-dessus des arbres, des jardins apportés par des bourrasques, des parterres minuscules, des allées frayées par les moineaux qui s'y battent, des petits champs en friche sur des pans de murs, des bois de platanes nains, des corbeilles de fleurs sauvages, aux germes semés par un coup de vent !

Encore dix années et, avec l'aide d'un respectueux décorateur, l'on obtiendrait un fragment de Palmyre ou de Sardes, un tronçon de cité morte, un segment d'une Rome nabote, mangée de verdures et de fleurs.

A l'heure actuelle, et sans que le décor planté par le Temps soit parachevé, ce monument est le seul dans lequel la fantaisie du sol, si constamment réprimée par la voirie parisienne, existe. Ne serait-ce que pour ce motif, l'on devrait le garder ; — puis quel enseignement cette ruine nous révèle !

Depuis un siècle, l'architecture est un art perclus, toutes les bâtisses élevées le prouvent ; les combinaisons de la pierre semblent du reste épuisées et la ferronnerie qui lui succédera n'a pas encore trouvé sa forme. En attendant que cette forme, qui sera fatalement l'image d'une époque de mercantilisme et de hâte, éclose, ne pourrait-on présenter tel qu'un exemple à suivre la beauté acquise par le palais de la Cour des Comptes, depuis qu'une chance esthétique voulut qu'on le détruisît et qu'on le délaissât ?

Au lieu de donner à bâtir à des architectes des monuments qu'ils composent de bric et de broc, prenant ici un morceau de l'antiquité, là un bout moyen âge et raccordant le tout, tant bien que mal, ne vaudrait-il pas mieux les employer à purifier, à anoblir ceux qui restent ; ne vaudrait-il pas mieux qu'un adroit chimiste se substituât aux professeurs de l'École et leur apprît le moyen d'imprimer au Tribunal de Commerce, par exemple, une étampe réelle d'art, en l'incendiant ?

Pour embellir cet affreux Paris que nous devons à la misérable munificence des maçons modernes, ne pourrait-on — toutes précautions prises pour la sûreté des personnes — semer çà et là quelques ruines, brûler la Bourse, la Madeleine, le Ministère de la Guerre, l'église Saint-Xavier, l'Opéra et l'Odéon, tous le dessus du panier d'un art infâme ! L'on s'apercevrait peut-être alors que le Feu est l'essentiel artiste de notre temps et que, si pitoyable quand elle est crue, l'architecture du siècle devient imposante, presque superbe, lorsqu'elle est cuite.

*Le Fer.*

En architecture, la situation est maintenant telle.

Les architectes élèvent des monuments saugrenus dont les parties empruntées à tous les âges constituent, dans leur ensemble, les plus serviles parodies qui se puissent voir.

C'est le gâchis dans la platitude et le pastiche; l'art contemporain se résume presque en ce misérable pot-pourri qu'est l'Opéra de M. Garnier et dans cet incohérent palais du Trocadéro qui, vu d'un peu loin, ressemble avec son énorme rotonde et ses grêles minarets à clochetons d'or, à un ventre de femme hydropique couchée, la tête en bas, élevant en l'air deux maigres jambes chaussées de bas à jour et de mules d'or.

Un fait est certain ; l'époque n'a produit aucun architecte et ne s'est personnifiée dans aucun style. Après le Roman, le Gothique, la Renaissance, l'architecture se traîne, découvre encore de nouvelles combinaisons de pierres, s'engraisse dans les maussades emphases du Louis XIV, maigrit dans le Rococo, meurt d'anémie, dès que la Révolution naît.

Un autre fait certain, c'est que la pierre, considérée jusqu'alors comme matière fondamentale des édices, est fourbue, vidée par ses redites; elle ne peut plus se prêter à d'introuvables innovations qui ne seraient du reste que des emprunts mieux travestis ou plus adroitement raccordés des anciennes formes.

La suprême beauté des âges pieux a créé l'art magnifique, presque surhumain, du Gothique; l'époque de la ribaudaille utilitaire que nous traversons n'a plus rien à réclamer de la pierre qui stratifia en quelque sorte des élans et des prières, mais elle peut s'incarner en des monuments qui symbolisent son activité et sa tristesse, son astuce et son lucre, en des œuvres moroses et dures, en tout cas, neuves.

Et la matière est ici toute désignée, c'est le fer.

Depuis le règne de Louis-Philippe, la structure ferronnière a été maintes fois tentée, mais l'architecte de talent manque ; aucune forme nouvelle n'est découverte ; le métal reste partie d'un tout, s'associe à la pierre, demeure agent subalterne, incapable de créer, à lui seul, un monument qui ne soit pas une gare de railways ou une serre, un monument que l'esthétique puisse citer.

Les meilleures applications sont confinées jusqu'à ce jour dans des intérieurs de bâtisses, tels que la salle de lecture de la Bibliothèque nationale et le dedans de l'Hippodrome ; son rôle est donc pratique et limité, purement interne.

Tel était le bilan de l'architecture, alors que l'Exposition de 1889 fut résolue.

Il est curieux de voir si, à propos du palais de l'Exposition et de la tour Eiffel, la ferronnerie est sortie de ses tâtonnements et, avec l'aide des majoliques et des tuiles, a inventé enfin un nouveau style.

Il est nécessaire pour juger impartialement l'architecture du Palais de se répéter, à chaque sursaut, que ces bâtiments tout provisoires ont été érigés pour satisfaire le goût des cambrousiers de la province et des rastaquouères hameçonnés dans leur pays par nos annonces.

A ce point de vue, les architectes ont pleinement atteint leur but; ils ont fabriqué de l'art transocéanien, de l'art pour les Américains et les Canaques.

Comment qualifier autrement, en effet, ces deux dômes trapus, bas, craquelés comme des cendriers japonais, vernissés d'un émail turquoise, rechampi d'or; ces longues galeries précédées de vérandas de fonte, aux colonnes bourrées de poteries creuses, au métal peint en bleu ciel; comment qualifier surtout la troisième coupole surmontée d'un génie d'or, la coupole qui couvre cette entrée monumentale, ouvragée de sculptures massives, bardée de statues et de têtes, écussonnée de blasons de villes? On dirait d'une moitié de poire, la queue en l'air, d'un scaphandre géant, émaillé, troué de verrières, lamé d'or, bariolé d'azur et glacé de brun. Et nichés, partout, autour des galeries, dans des plis d'oriflammes, ce sont des génies nus brandissant des caducées et des palmes; ce sont des enfants joufflus, des bottes de chicorées couleur d'étain, des breloques pour nez de sauvages, encore mêlés à des armoiries de cités surmontées de couronnes murales à créneaux d'or.

C'est le triomphe de la mosaïque, de la faïence, de la brique émaillée, du fer peint en chocolat beurré et en bleu ; c'est l'affirmation de la polychromie la plus ardente ; c'est lourd et criard, emphatique et mesquin ; cela évoque en un art différent la peinture théâtrale de Mackart si chère à Hambourg au faste redondant des maisons de filles !

Du coup, il faut bien l'avouer, le mauvais goût des tailleurs de la pierre est surpassé ; mais il convient de le répéter aussi, ces constructions temporaires s'ajustent merveilleusement à l'âme des foules qui s'y meuvent. Le soir, alors que l'Exposition devient monstrueuse et charmante, avec sa trêve consentie des ennuis du jour, sa bonne humeur de casino, son allégresse de fête qui s'exaspère, le dôme central, éclairé en dedans, a l'air d'une veilleuse ornée de vitraux irlandais en papier peint, mais les irritantes surcharges de ses parements s'apaisent ; malgré les cordons de lueurs qui courent sur la coupole, l'éclat sec et gueulard de ses bronzes et de ses ors s'éteint et l'on rêve devant cette entrée monumentale et dans la galerie qu'elle commande, à une église consacrée au culte de l'or, sanctifiée par un autel que gravit, aux sons des orgues à vapeur, l'homme le plus riche du monde, le pape américain, Jay Gould, qui célèbre la messe jaune et devant la foule agenouillée, aux appels répétés des timbres électriques, élève l'hostie, le chèque, détaché d'un carnet à souche !

Devant ce temple se dresse la fameuse tour à propos de laquelle l'univers entier délire.

Tous les dithyrambes ont sévi. La Tour n'a point, comme on le craignait, soutiré la foudre, mais bien les plus redoutables des rengaînes : « arc de triomphe de l'industrie, tour de Babel, Vulcain, cyclope, toile d'araignée du métal, dentelle du fer. » En une touchante unanimité, sans doute acquise, la presse entière, à plat ventre, exalte le génie de M. Eiffel.

Et cependant sa tour ressemble à un tuyau d'usine en construction, à une carcasse qui attend d'être remplie par des pierres de taille ou des briques. On ne peut se figurer que ce grillage infundibuliforme soit achevé, que ce suppositoire solitaire et criblé de trous restera tel.

Cette allure d'échafaudage, cette attitude interrompue, assignées à un édifice maintenant complet révèlent un insens absolu de l'art. Que penser d'ailleurs du ferronnier qui fit badigeonner son œuvre avec du bronze Barbedienne, qui la fit comme tremper dans du jus refroidi de viande ? — C'est en effet la couleur du veau « en Bellevue » des restaurants ; c'est la gelée sous laquelle apparaît, ainsi qu'au premier étage de la tour, la dégoûtante teinte de la graisse jaune.

La tour Eiffel est vraiment d'une laideur qui déconcerte et elle n'est même pas énorme ! — Vue d'en bas, elle ne semble pas atteindre la hauteur qu'on nous cite. Il faut prendre des points de comparaison, mais imaginez, étagés, les uns sur les autres, le Panthéon et les Invalides, la colonne Vendôme et Notre-Dame et vous ne pouvez vous persuader que le belvédère de la tour escalade le sommet atteint par cet invraisemblable tas. — Vue de loin, c'est encore pis. Ce fût ne dépasse guère le faîte des monuments qu'on nomme. De l'Esplanade des Invalides, par exemple, il double à peine une maison de cinq étages ; du quai d'Orléans, on l'aperçoit en même temps que le délicat et petit clocher de Saint-Séverin et leur niveau paraît le même.

De près, de loin, du centre de Paris, du fond de la banlieue, l'effet est identique. Le vide de cette cage la diminue; les lattis et les mailles font de ce trophée du fer une volière horrible.

Enfin, dessinée ou gravée, elle est mesquine. Et que peut être ce flacon clissé de paille peinte, bouché par son campanile comme par un bouchon muni d'un stilligoutte, à côté des puissantes constructions rêvées par Piranèse, voire même des monuments inventés par l'Anglais Martins?

De quelque côté qu'on se tourne, cette œuvre ment. Elle a trois cents mètres et en paraît cent; elle est terminée et elle semble commencée à peine.

A défaut d'une forme d'art difficile à trouver peut-être avec ces treillis qui ne sont en somme que des piles accumulées de ponts, il fallait au moins fabriquer du gigantesque, nous suggérer la sensation de l'énorme; il fallait que cette tour fût immense, qu'elle jaillît à des hauteurs insensées, qu'elle crevât l'espace, qu'elle plantât, à plus de deux mille mètres, avec son dôme, comme une borne inouïe dans la route bouleversée des nues !

C'était irréalisable; alors à quoi bon dresser sur un socle creux un obélisque vide ? Il séduira sans doute les rastaquouères, mais il ne disparaîtra pas avec eux, en même temps que les galeries de l'Exposition, que les coupoles bleues dont les clincailles cloisonnées se vendront au poids.

Si, négligeant maintenant l'ensemble, l'on se préoccupe du détail, l'on demeure surpris par la grossièreté de chaque pièce. L'on se dit que l'antique ferronnerie avait cependant créé de puissantes œuvres, que l'art des vieux forgerons du XVI$^e$ siècle n'est pas complètement perdu, que quelques artistes modernes ont eux aussi modelé le fer, qu'ils l'ont tordu en des mufles de bêtes, en des visages de femmes, en des faces d'hommes ; l'on se dit qu'ils ont également cultivé dans la serre des forges la flore du fer, qu'à Anvers, par exemple, les piliers de la Bourse sont, à leur sommet, enlacés, par des lianes et des tiges qui s'enroulent, fusent, s'épanouissent dans l'air, en d'agiles fleurs dont les gerbes métalliques allègent, vaporisent, en quelque sorte, le plafond de l'héraldique salle.

Ici rien ; aucune parure si timide qu'elle soit, aucun caprice, aucun vestige d'art. Quand on pénètre dans la tour, l'on se trouve en face d'un chaos de poutres, entrecroisées, rivées par des boulons, martelées de clous. L'on ne peut songer qu'à des étais soutenant un invisible bâtiment qui croule. L'on ne peut que lever les épaules devant cette gloire du fil de fer et de la plaque, devant cette apothéose de la pile de viaduc, du tablier de pont !

L'on doit se demander enfin quelle est la raison d'être de cette tour. Si on la considère, seule, isolée des autres édifices, distraite du palais qu'elle précède, elle ne présente aucun sens, elle est absurde. Si, au contraire, on l'observe, comme faisant partie d'un tout, comme appartenant à l'ensemble des constructions érigées dans le Champ de Mars, l'on peut conjecturer qu'elle est le clocher de la nouvelle église dans laquelle se célèbre, ainsi que je l'ai dit plus haut, le service divin de la haute Banque. Elle serait alors le beffroi, séparé, de même qu'à la cathédrale d'Utrecht, par une vaste place, du transept et du chœur.

Dans ce cas, sa matière de coffre-fort, sa couleur de daube, sa structure de tuyau d'usine, sa forme de puits à pétrole, son ossature de grande drague pouvant extraire les boues aurifères des Bourses, s'expliqueraient. Elle serait la flèche de Notre-Dame de la Brocante, la flèche privée de cloches, mais armée d'un canon qui annonce l'ouverture et la fin des offices, qui convie les fidèles aux messes de la finance, aux vêpres de l'agio, d'un canon, qui sonne, avec ses volées de poudre, les fêtes liturgiques du Capital !

Elle serait, ainsi que la galerie du dôme monumental qu'elle complète, l'emblème d'une époque dominée par la passion du gain; mais l'inconscient architecte qui l'éleva n'a pas su trouver le style féroce et cauteleux, le caractère démoniaque, que cette parabole exige. Vraiment ce pylône à grilles ferait prendre en haine le métal qui se laisse pâtisser en de telles œuvres si, dans le prodigieux vaisseau du palais des machines, son incomparable puissance n'éclatait point.

L'intérieur de ce palais est, en effet, superbe. Imaginez une galerie colossale, large comme on n'en vit jamais, plus haute que la plus élevée des nefs, une galerie s'élançant sur des jets d'arceaux, décrivant comme un plein cintre brisé, comme une exorbitante ogive qui rejoint sous le ciel infini des vitres ses vertigineuses pointes, et, dans cet espace formidable, dans tout ce vide, rapetissées, devenues quasi naines, les énormes machines malheureusement trop banales dont les pistons semblent paillarder, dont les roues volent.

La forme de cette salle est empruntée à l'art gothique, mais elle est éclatée, agrandie, folle, impossible à réaliser avec la pierre, originale avec les pieds en calice de ses grands arcs.

Le soir, alors que les lampes Edison s'allument, la galerie s'allonge encore et s'illimite ; le phare situé, au centre, apparaît ainsi qu'une ruche de verre pointillée de feux ; des étoiles fourmillent, piquent le cristal dont les tailles brûlent avec les flammes bleues des soufres, rouges des sarments, lilas et orangé des gaz, vertes des torches à catafalques ; l'électricien braque ses lentilles, darde des pinceaux de poussière lumineuse sous le ciel vitré qui se mue en une nappe d'eau. Des ruisseaux de pierres fines semblent alors couler dans un rayon de lune et les lueurs du prisme surgissent, se promènent autour de la salle ;

en une procession, automatique, réglée, elles passent lentement le long des murs, tantôt informes ou semblables à de légers frottis, tantôt s'évasant en des tulipes de feux, se touffant en des végétations inconnues de flammes !

La souveraine grandeur de ce palais devient féerique; l'on reconnaît qu'au point de vue de l'art, cette galerie constitue le plus admirable effort que la métallurgie ait jamais tenté.

Seulement, je dois le répéter encore; ainsi qu'à l'Hippodrome, ainsi qu'à la Bibliothèque nationale, cet effort est tout interne. Le palais des machines est grandiose, en tant que nef, qu'intérieur d'un édifice, mais il est nul, en tant qu'extérieur, en tant que façade vue du dehors.

L'architecture n'a donc pas fait un pas nouveau dans cette voie; faute d'un homme de génie, le fer est encore incapable de créer une œuvre personnelle entière, une véritable œuvre.

*Millet.*

Toutes les fois que la clinique des Beaux-Arts expose, dans ses ambulances du quai Malaquais, les œuvres d'un peintre mort, je suis pris de peur. Constamment l'expérience rate. Delacroix même et Manet ne sont pas sortis intacts de cette bagarre zélée de toiles. Pour Corot, ce fut un désastre ; sa légère fumée de pipe avait fui et le rien du tout de ses tableaux apparaissait derrière ce brouillard dissipé d'un ciel unique dont on ignorait et la latitude et l'heure ; crépuscule ou lever de jour, brume de chaleur ou nuées de pluie, c'était tout un ; du gris noyant une ébauche de dessin, du gris réveillé par le coup de vermillon que frappait un personnage quelconque, coiffé d'un béret rouge ; quant à Courbet, ce fut l'entière révélation des idées ouvrières servies par le pinceau d'un vieux classique; ce fut la définitive explosion de l'abdominale cervelle de ce gros mufle.

Je me remémorais ces lamentables antécédents, alors que les possesseurs des œuvres de Millet les exposèrent sous les hangars recherchés du quai. L'expérience a-t-elle été déplorable ou propice ? les déboires attendus ont-ils été subis ? Millet est-il ce grand peintre qu'à l'heure actuelle toute la presse, à l'envi, prône ?

Non — si l'on considère la morne imposture de ses paysans travestis suivant l'immuable formule de La Bruyère et si l'on ne tient compte que de ses huiles, monocordes et coriaces, banales et rancies, fausses et frustes. Oui — jusqu'à un certain point, si l'on examine seulement deux ou trois de ses pastels.

Mais il faut l'affirmer tout d'abord, ses paysans sont, dans leur genre, aussi conventionnels, aussi fictifs que les Fadette, que les Champi, que tous les butors d'opéra-comique inventés par cette vieille danseuse de revue, par cette vieille filatrice d'idéal bêta qu'on nommait la Sand. Tandis qu'elle muait en d'incorporels

Céladons les crasseux rustres de son Berri, Millet changeait en d'innocents forçats, en de maladroits rhéteurs, les paysans des environs de Fontainebleau, les gens de la Brie.

Alors qu'il représente un paysan, éreinté, appuyé sur sa houe, regardant devant lui de ses prunelles mortes, il ment, car il est vraiment temps de le dire, à la fin ! — le paysan, exterminé par d'incessants labeurs, le paysan crevant de besoin, hurlant de misère, sur la glèbe, n'existe pas. Soutenir qu'il est heureux, évidemment non, car il faut bien qu'il laboure et qu'il sème, qu'il vendange et qu'il gaule; mais quoi ! mettez en face de cet homme qui possède ou loue pour quelques sols une chaumière, qui élève parfois une vache ou un porc, toujours des poules, souvent des oies, qui récolte dans un petit jardin des pommes de terre et des choux, mettez un ouvrier de Paris, et voyez la différence. Sans chercher les plus misérables et les plus épuisés des artisans des villes, sans citer les broyeurs de salsepareille aux vomissements incoercibles, les tritureurs de céruse, les amalgameurs de mercure aux entrailles corrodées et aux os mous, prenez un imprimeur dont la profession est quasi douce. Levé comme le paysan dès l'aube, il trime, enfermé, sans arrêt, sans trêve, jusqu'à la nuit, puis il rentre dans un garni rogue, aspire la pestilence enragée des plombs, boit de combustibles breuvages et, s'il demeure célibataire, satisfait sur de périlleux locatis ses besoins d'amours ; si malheureux qu'il soit, le paysan tâche du moins en plein air, il se grise d'innocentes piquettes, s'étanche sur de sains fumiers de chairs, rentre dans une chambre aérée, hume, s'il veut, dans son jardinet, les tonifiants souffles des soirs. Est-ce qu'il les a, l'ouvrier parisien, ces causettes prolongées le long des routes, ces goûters à la bonne franquette, ces flânes perpétuelles, tous ces alibis reposants des rustres ? — Il en est de même pour les femmes. Ainsi qu'une bête de somme, la paysanne rentre les foins et fend le bois et poêlonne, et bêche et vêle. Oui ; — mais une ouvrière cloîtrée depuis le matin dans l'air raréfié d'un Bon Marché ou d'un Louvre, une femme toujours debout et attentive aux souhaits d'une foule, est plus souffreteuse et plus débile, plus douloureusement laminée par la vie, plus vraiment à plaindre !

Tenez encore que pendant le gel, le paysan se repose et se chauffe les tibias devant des bourrées qui ne coûtent rien et que, pendant ce temps, la femme du peuple trie des escarbilles, fait des pâtés de vieux coke mouillé dans des terrines, se ranime, elle et ses mioches, au hasard des détritus, le mieux qu'elle peut; en fin de compte, les paysans ne sont pas à plaindre quand on compare leur sort à celui des ouvriers et même à celui de la plupart des employés des villes.

Il est donc souverainement injuste de promulguer notre pitié et de revendiquer en faveur de ces paresseuses brutes une compassion que méritent seuls les mercenaires endoloris des besognes closes.

Mais il faut bien le dire aussi, Millet devait les comprendre ainsi, ses frères de charrue, ses parents d'étable. Lisez ses biographes. L'un des Mantz qui fonctionne dans le vestibule du catalogue vendu à la maison du quai, raconte que Millet avait suivi l'école, dans son village, puis qu'il était venu étudier la peinture chez Delaroche, à Paris; c'est toujours la même chose; nous sommes en face d'un fils de paysan, d'un être mal équarri, à l'ignorance superficiellement rabotée par un cuistre, lâché, dans la capitale, au milieu de peintres non moins ignares mais dont l'esprit populacier s'est dégrossi dans des estaminets et des crêmeries. En fait de lectures, Millet avait sans doute connu la fameuse rengaîne de La Bruyère dont j'ai parlé; il avait tâtonné dans les épisodes de la Bible qu'il n'était déjà plus ni assez simple, ni assez affiné pour comprendre. Pêle-mêle, il a transféré ces lectures mal ingérées sur ses toiles, et il nous a servi, au lieu des paysans finassiers et retors, cupides et pleurards de la Brie, des esclaves excédés qui crient grâce et déclament des tirades à la Valjean. Au lieu de butors qui ne prient guère, il nous a dépeint des gens qui se recueillent à l'Angelus, des pâtres idylliques et pieux, comme si le son d'une cloche dans les champs n'était pas pour les bergers le simple signal d'une heure qui désigne le moment d'un goûter, qui marque l'instant convenu d'un retour !

Non, Millet était un peintre, c'est-à-dire un homme doué d'une recommandable adresse des doigts et d'une certaine agilité de l'œil, mais c'était un rustre sans éducation vraie, un ouvrier faussé par des tirades de cabaret d'art, un pacant gâté par des fréquentations d'autres peintres nés à Paris et exclusivement éduqués par des chansons de café-concert et des propos de table d'hôte.

Ce concept du paysan, rhéteur d'allures et de mines, martyr impitoyable d'une société ingrate et d'un sol inclément, une fois admis, arrivons à l'exposition même de ses pastels et de ses huiles.

Ses tableaux si véhémentement célébrés depuis sa mort sont, il faut bien l'avouer, rêches et teigneux, anciens et sourds. Prenez « l'homme à la houe, » ou « l'angelus, » ou « les glaneuses. » Qu'y trouve-t-on ? dans un paysage sans clarté, sans air, des figures monotones et rousses, assaisonnées à la boue de sabot, sous un ciel dur. Ces œuvres à l'huile sentent la tâche, la pratique en sueur de ses gros bras. Aucun parmi les vieux maîtres du paysage — car il peint suivant leur rituel — qui n'ait brossé plus franchement une toile ; aucun dont les tableaux ne soient ainsi devenus, après quelques années, cartonneux et aigres. En tant que peintre à l'huile, il est médiocre et d'une balourdise qui désespère.

Mais il n'est heureusement pas tout entier dans ces toiles. Un très réel artiste va maintenant sortir de ses œuvres les moins prônées, de ses crayons noirs rehaussés de pastel.

Parmi cette série d'œuvres, celles où s'accuse le plus nettement le tempérament du peintre, sont, à n'en point douter, ses aubes de campagne nue encore endormie, d'où la figure humaine est bannie ou, à l'horizon, visible à peine.

Alors, il révèle une émotion toute particulière devant « ce petit jour » qui agit si singulièrement sur l'homme. Pour les sensitifs, c'est une sorte de malaise et de trouble ; il y a attente d'on ne sait quoi, d'un jour neuf, d'un seuil de matinée, d'un inconnu qu'on rêve ; il y a une inquiète surprise à voir ce silencieux accouchement de la lumière sortant peu à peu de la matrice élargie d'un ciel ; il y a frisson d'esprit, froid d'âme, désir que ce provisoire de nature cesse, que ces ténèbres passent. Le lever du soleil n'agit pas ainsi sur Millet, dont les nerfs ne vibrent guère, mais une impression étrange lui vient et il la rend avec une énergie qui poigne. L'aurore est, en quelque sorte, pour lui, un armistice conclu entre la terre et l'homme. Voyez sa « Plaine au petit jour, » une plaine abandonnée, avec une herse couchée dans les guérets et une charrue droite se dressant, seule, au-dessus des sillons, alors que tourbillonnent les corbeaux dont les essaims ponctuent de virgules sombres le ciel qui pâlit et lentement s'allume. On dirait de ces terres soulevées, déchirées, la veille, par la marche des socs, d'une région bouleversée par d'exterminatrices luttes. La nuit a mis forcément fin au combat ; — la trêve existe, — mais il semble qu'on va maintenant enlever les morts, et que, dès le lever complet de l'astre, la bataille va reprendre, muette, entre le paysan tenace et la terre dure.

Un autre pastel « la Plaine » donne cette même impression douloureuse et hautaine ; c'est une plaine immense, couchée sous un ciel que tailladent à l'horizon des lames de feux blêmes ; et déjà tout au loin, l'homme entre en scène, car l'on aperçoit un vague troupeau suivi d'un berger dont la haute silhouette a je ne sais quelle tournure hostile. Au fond, c'est toujours la même idée du Jacques Bonhomme famélique qui guerroie pour manger son pain; mais, ainsi exprimée, sans déclamation de face humaine; ainsi laissée sans désignation directe, ainsi suggérée seulement, elle impressionne.

Puis le pastelliste est autre que le peintre. Les toiles aux horizons rétrécis ne sont plus; le ciel maintenant fuit à perte de vue, l'air baigne les champs et une qualité que Millet possède peut-être plus que tout autre, paraît. La matière brute, la terre, sourd de son cadre, vivante et grasse. On la sent épaisse et lourde; on sent que, sous ses mottes et ses herbes, elle s'enfonce toujours pleine. On hume son odeur, on la pourrait égrener entre ses doigts et entrer à pieds joints en elle. Chez la plupart des paysagistes, le sol est superficiel; chez Millet, il est profond.

Enfin, cet homme, dont les procédés sont si subalternes et dont l'exécution est si vulgaire dans ses tableaux, se révèle soudain dans ses pastels comme possédant un métier personnel, un faire original. Le travail de son crayon noir, ses tracés filiformes, ses traînées d'épingles, ses bordures avec leur adroit ragoût de crayons de couleurs dominent vraiment et pressent.

Là où il était hésitant et lourd, il s'affirme délibéré, quasi leste ; ses figures mêmes se décrassent dans la poudre de ses crayons, deviennent moins emphatiques et plus vives et la comparaison est facile à établir, car les mêmes sujets sont souvent traités des deux manières. La « Gardeuse de moutons » tricotant devant un troupeau qu'un chien garde est, peinte au jus de lin, une image de première communion, une illustration nigaude et veule. Crayonnée au pastel, elle s'épure de son gnian-gnian coquet et fade et avoisine le réel ; puis les alentours se modifient. Ce marc de café qui la soutenait dans le tableau s'est changé en de la véritable terre, le firmament s'est élargi, l'air circule, les bêtes pantèlent, car un souffle de vie anime les groupes et frémit presque sous le bonnet rouge et la capuche de la fille.

Si l'on récupère les dissemblances dont j'ai parlé, l'on arrive à coordonner en un tout étrange cette œuvre jadis tant dénigrée et maintenant si démesurément vantée. On découvre en l'homme un rustre qui ne l'est plus assez ou qui l'est trop encore ; dans le peintre, un pesant toilier, imbu des anciens scrupules de la palette et des vieux rites; dans le pastelliste, peignant la solitude, on trouve un suggestif et douloureux artiste, un maître terrien qui a senti la nature à certaines heures, et l'a, dans un style à lui, gravement, éloquemment rendue.

# Goya et Turner.

A une exposition des maîtres anciens qui eut lieu, en 1887, au profit des inondés du Midi, dans les galeries du quai Malaquais, deux toiles vraiment belles. L'une, une course de taureaux, de Goya ; l'autre, un paysage, de Turner.

Le Goya : un écrasis de rouge, de bleu et de jaune, des virgules de couleur blanche, des pâtés de tons vifs, plaqués, pêle-mêle, mastiqués au couteau, bouchonnés, torchés à coups de pouce, le tout s'étageant en taches plus ou moins rugueuses, du haut en bas de la toile. On cherche. Vaguement on distingue, dans le tohu-bohu de ces facules, un jouet en bois de la forme d'une vache, des ronds de pains à cacheter, barrés de noir, surmontés de trémas bruns ; puis, en montant, des guillemets et des points, toute une ponctuation de couleur aérant un page de couleur fauve. On se recule, et cela devient extraordinaire ; comme par magie, tout se dessine et se pose, tout s'anime. Les pâtés grouillent, les virgules hennissent ; des torréadors apparaissent, brandissant des voiles rouges, s'efforçant, se bousculant, criant sous le soleil qui les mord. La petite vache se mue en un formidable taureau qui se précipite, furieux, les cornes en avant, sur un groupe en désarroi. Au fond du cirque, des chevaux se piétent, et ces écrasis de palette, ces frottis de torchon, ces traînées de pouces deviennent une pullulente foule qui s'enthousiasme, invective, menace, pousse d'assourdissants hourras. C'est tout simplement superbe ! — Et, dans ce margouillis, de nettes figures sortent : ces trémas, ce sont des yeux qui pétillent ; ces barres, des bouches qui béent ; ces guillemets, des mains qui se crispent. C'est le vacarme le plus effréné qui ait jamais été jeté sur une toile, la bousculade la plus intense qu'une palette ait jamais créée.

Les eaux-fortes de Goya sont d'une alerte incroyable, d'un sabrage fou, mais elles ne suscitent pas une idée complète de cette peinture turbulente et féroce, de ce mors aux dents du dessin, de ce délire d'impressionniste pétrissant à pleins poings la vie, de ce cri furieux, de ce cabrement exaspéré de l'art.

Quant au Turner, lui aussi vous stupéfie, au premier abord. On se trouve en face d'un brouillis absolu de rose et de terre de sienne brûlée, de bleu et de blanc, frottés avec un chiffon, tantôt en tournant en rond, tantôt en filant en droite ligne ou en bifurquant en de longs zigzags. On dirait d'une estampe balayée avec de la mie de pain ou d'un amas de couleurs tendres étendues à l'eau dans une feuille de papier qu'on referme, puis qu'on rabote, à tour de bras, avec une brosse ; cela sème des jeux de nuances étonnantes, surtout si l'on éparpille, avant de refermer la feuille, quelques points de blanc de gouache.

C'est cela, vu de très près, et, à distance, de même que pour le Goya, tout s'équilibre. Devant les yeux dissuadés, surgit un merveilleux paysage, un site féerique, un fleuve irradié coulant sous un soleil dont les rayons s'irisent. Un pâle firmament fuit à perte de vue, se noie dans un horizon de nacre, se réverbère et marche dans une eau qui chatoie, comme savonneuse, avec la couleur du spectre coloré des bulles. Où, dans quel pays, dans quel Eldorado, dans quel Eden, flambent ces folies de clarté, ces torrents de jour réfractés par des nuages laiteux, tachés de rouge feu et sillés de violet, tels que des fonds précieux d'opale ? Et ces sites sont réels pourtant ; ce sont des paysages d'automne, des bois rouillés, des eaux courantes, des futaies qui se déchevèlent, mais ce sont aussi des paysages volatilisés, des aubes de plein ciel ; ce sont les fêtes célestes et fluviales d'une nature sublimée, décortiquée, rendue complètement fluide, par un grand poète.

*La salle des Etats au Louvre.*

J'ai retrouvé, dans cette salle des États, inaugurée au Louvre, un grand nombre de tableaux que j'espérais bien ne jamais revoir. Je les croyais égarés dans les cryptes du Luxembourg ou enterrés dans les autres sépulcres de l'art, et, pas du tout, voici qu'on les exhume et qu'on les allonge en plein jour, du haut en bas des murs rafraîchis d'une opulente salle.

Gérard et Pagnest, Scheffer et de la Berge, Gleyre et Heim, Vernet et Gros, Léopold Robert et Deveria, Regnault et Daubigny reparaissent embaumés dans leurs cadres réveillés d'or. D'aucuns étaient restés, depuis des années sans sépulture, dans l'abandon d'une salle perdue près du Sénat; d'autres avaient été déposés dans des tombes ouvertes, relégués dans une salle du Louvre, veillés par un gardien qui gisait, hébété d'ennui, sur une banquette toujours neuve; quelques-uns enfin avaient été ensevelis on ne savait où et l'on pouvait espérer qu'aucun obituaire n'avait conservé leurs noms.

De bureaucratiques ambitions les ont retrouvés, — et l'heure de l'injustice a sonné pour eux, car on va les respecter et le public visite déjà, d'un air recueilli, ce gibet de toiles pendues, plein de Romains en bois et de paysages de famille fabriqués avec des cheveux. Mais dans cette promiscuité de morgue une œuvre resplendit dont le comique furieux vous crispe, un tableau de Guérin, une offrande à Esculape, ainsi assemblée : un trépied, surmonté du buste cher aux pharmacies, devant lequel un vieillard frisotté se gratte, alors que deux statues de jeunes gens avancent une jambe et tendent un bras. Il va sans dire que ces jeunes gens sont nus le plus qu'ils peuvent et qu'une jeune fille accroupie devant eux est habillée de tuyaux d'orgues qui lui remontent la taille sous les bras, et lui coussinent le menton par l'appui des seins. Cette peinture morne et sèche, emphatique et mesquine, nous déconcerte à l'heure présente et cependant n'est-elle pas supérieure au portrait du maréchal Prim dont le vagabondage du dessin et le cabotinisme édenté des couleurs font vraiment peine ?

En somme, il n'existe de réellement intéressant, dans cette pendaison de châssis, que les Delacroix et que les Ingres.

Delacroix possède là quelques-uns de ses grands tableaux : le massacre de Scio, la barque de Dante, les femmes d'Alger. Ces œuvres sont trop polluées par la vue pour que je les décrive ; elles ont figuré depuis un temps immémorial dans les musées et récemment encore, à propos de l'exposition du quai Malaquais, elles ont été reproduites dans tous les journaux à images et pilonnées par toute la presse.

Je m'occuperai plus spécialement de l'Entrée des Croisés à Constantinople qui, après avoir été enfouie pendant des années dans la nécropole oubliée d'une province, a fini par demeurer acquise au Musée du Louvre.

Ce tableau est la pièce maîtresse de la nouvelle salle et c'est, dans l'œuvre de Delacroix, la toile la plus personnelle, peut-être la plus parfaite.

Pour la première fois, une entrée de vainqueurs dans une ville qu'on met à sac, n'est pas ordonnée dans une tempête de hourras, dans des triomphes de fanfares, dans des salves d'apothéose. Ici, les Croisés arrivent, exténués, presque mourants ; les chevaliers s'affaissent sur leurs selles et leurs yeux rentrés, comme vernis par la fièvre, voient à peine les vaincus que leurs chevaux piétinent. Un écrasement de fatigues immenses ravine leurs faces et creuse leurs bouches qui divaguent, maintenant que le succès amène la détente du système nerveux exaspéré par tant d'efforts. Et cependant, sur ces physionomies dont la lassitude est telle qu'aucune autre expression ne semblerait plus devoir en altérer les traits, des fumées de sentiments passent, une férocité non éteinte encore chez quelques-uns, une vague pitié chez d'autres qui regardent un banal vieillard agenouillé, tenant dans ses bras sa femme et criant grâce. Ce triomphe si mélancolique et si vrai est en même temps qu'un délice spirituel, un régal des yeux. C'est une des pages les plus nettes du peintre, une concorde admirable de tons, un autodafé aux sels crépitants, sonore et clair, un hallali de flammes de couleurs, sur un fond d'océan et de ciel d'un splendide bleu !

Il faut bien le dire, surtout après la malencontreuse exhibition d'une trop copieuse fournée de Delacroix qu'on nous servit, pêle-mêle, dans la galerie des Beaux-Arts, ce peintre n'a pas toujours été aussi vibrant et aussi ferme. Artiste inégal et saccadé, Rubens dégraissé et affiné par les névroses, débarrassé du gros côté d'art peuple et de peinture bouchère que posséda, malgré son prodigieux talent, le diplomate sanguin d'Anvers, Delacroix a la grâce des maladies qui se terminent et des santés qui reviennent. Rien en lui du train-train coutumier, de la vie assise, du retiré du commerce de l'art sage, mais des sursauts, des exultations, des cabrements de nerfs mal dominés sautant quand même par dessus l'étisie et la mâtant ; par contre, c'est aussi un casse-cou perpétuel, un hasard de migraine, une chance de réveil, et si la déveine d'une passagère dysénergie de la vue s'en mêle, tout rate et il devient singulièrement inférieur ; sa fougue qu'il s'efforce de fouetter rebiffe et alors les tons s'épaississent, le dessin inachevé erre et chancelle. Homme étrange, incomplet presque toujours, rageur et languide, superbe quand sa fièvre flambe, cabotin et vieux mélo quand elle charbonne, il a été un tétanique puissant contre le coma de l'art, une strychnine électrisant le vieux julep prescrit par les recettes teinturières du grand art. En somme, il a infusé, à défaut de santé, dans la peinture de son temps, une bravoure acculée, un fluide nerveux, une force intermittente de colère, une pulsation d'amour; en somme, il a commencé à ramoner, avant Manet, et à éclaircir le cul de four des toiles; il a prononcé le rejet des anciennes ombres noires ou bistre et les a fait dériver de la couleur même de l'objet qui les donne; il a ouvert la voie aux impressionnistes du temps présent. En dépit des lointains qui semblent séparer le peintre de la barque du Dante des peintres de la modernité contemporaine, il leur a laissé les traces héréditaires d'un puissant aïeul. L'un des promoteurs de la nouvelle formule, M. Cézanne, descend même directement de lui et c'est à son école que M. Degas doit cette science des couleurs qu'il manie en maître.

A côté de Delacroix, un seul peintre, installé dans cette même salle du Louvre, parvient à ne pas trop fléchir, c'est le vieil Ingres. Je ne parle pas ici de son Apothéose d'Homère, cette glaciale transposition dans la peinture d'un bas-relief déjà médiocre. Je laisse également de côté sa mongolfière à forme humaine qu'il dénomme Angélique et son Bain si rigidement ennuyeux, avec sa femme, coiffée d'un madras, nue, nous tournant le dos, alors que derrière les tubulures d'un rideau de tôle apparaît, crachant dans une invisible piscine, une tête de lion dérobée au ceinturon d'un artilleur auquel elle servait certainement de boucle.

Sorti du portrait, Ingres n'est rien; c'est un calligraphe patient, un Chouilloux des Radrets de la peinture, un pète-sec laborieux, un chef de division de la préfecture des arts, et encore dans le portrait se dédouble-t-il, étant, tour à tour, odieusement pataud et curieusement subtil.

Pataud, dans le portrait de Madame Moitessier, une femme aux chairs conservées dans l'appareil frigorifique d'une Morgue, un mannequin congelé, assis dans une robe à fleurs blanches sur une ottomane rose et dont le dos se reflète dans une glace. Et quel reflet de porcelaine sur un fond d'acier ! et puis quelle pose de keapsake, une tête de sydonie appuyée sur un bras, avec un doigt posé sur une tempe et des yeux de raie morte ! C'est le papier peint dans toute sa gloire ! c'est cru, sec, rêche, enjolivé par des simagrées d'étoffes tricotées au petit point et lapidifiées de même que les chairs frottées ensuite comme un parquet au siccatif.

Subtil, dans le portrait de Madame de Vançay dont la vie mystérieuse vous prend aux moelles, un portrait peint à plat, n'avançant comme aucun des portraits habituels et ne reculant pas comme ceux de M. Whistler. C'est fixe, collé sur placard, fantômatique et muet. Madame de Vançay est ainsi posée sur fond vert : assise, en robe décolletée de velours noir, elle porte, négligemment jeté sur son bras, un manteau, une sorte de peplum cachou, barré de même que par des bâtons de cire à cacheter commune ; et les étoffes sont peintes ainsi que dans des aquarelles persanes, précieuses et peinées ; mais sous ses bandeaux châtains et plats, la figure pâle jaillit et vous regarde d'un œil si fascinant, si bizarre, qu'on s'arrête subjugué par l'énigme de cette physionomie qui ferait songer à celle d'une Ligeïa naturalisée, après une cure au bromure, en France.

Ce portrait est vraiment étrange, vraiment subtil ; à force de travail et de bonne foi, le vieil aphasique est parvenu à pousser un cri et à allumer la petite flamme qui sourd dans cette toile si différente de son œuvre d'habitude grincheuse et morne.

Ce portrait a, lui aussi, aidé au mouvement de l'art actuel ; la conscience des détails, le labeur de bœuf, la franchise brutale, la volonté d'être réel et juste du peintre ont porté. L'école impressionniste s'est souvenue de ce plaquage japonais, de cette naïveté presque féroce des tons, de cette gaucherie imagière, voulue, de cette sincérité de primitif. L'un d'eux même s'est inspiré de ce portrait jadis : M. Forain, qui a peint Madame M\*\*\*, allégée des étoffes oiseuses mais privée aussi de l'entière sincérité du vieux peintre.

Le portrait de Madame de Vançay n'appartient malheureusement pas au Louvre, mais un autre s'y trouve qui le rappelle un peu et soutient le panneau de la déplorable salle qu'il honore, le portrait de Madame Rivière, assise sur un divan d'azur et vous regardant, immobile sous des coques de cheveux bruns. Là encore la fidélité de l'artiste nous requiert. Les chairs sont burgautées, sans granules, lisses; le châle qui est placé près d'elle est pointillé comme une aquarelle indienne; mais cette femme respire et ses yeux inquiètent; elle vit, ainsi que Madame de Vançay, d'une vie glacée, si l'on peut dire; c'est une ressuscitée encore un peu froide : c'est par la magie de l'œil qu'Ingres anime ses effigies et leur insuffle ce mystère qu'un artiste moderne, M. Redon, obtient, lui aussi, souvent, par ses savantes déformations de la prunelle.

L'on peut signaler encore, dans la salle des Etats, le portrait de M. Rivière, peint lèches à lèches, un tantinet fantasque pourtant, mais rentrant un peu déjà dans la catégorie de ces travaux de maison de force dont Ingres a si souvent obtenu l'entreprise.

En résumé, cinq ou six toiles de Delacroix et une d'Ingres pourraient justifier les clabaudantes clameurs qui s'élevèrent dès l'ouverture de la nouvelle salle. Pour moi, je me réjouis surtout de la voir installée, parce que ses luisants et ses ors attirent la foule piétinante des visiteurs qui s'y entassent et laissent libres les couloirs où s'entassent les admirables Primitifs italiens et flamands qu'il m'est maintenant permis de contempler, sans être dérangé, tout à mon aise.

*Bianchi.*

JAMAIS on ne vit copiste dresser son chevalet devant cette toile. Personne, parmi les rares visiteurs fourvoyés dans la galerie des Primitifs Italiens, au Louvre, ne s'arrête devant cette œuvre huchée sur un mur de refend, en un coin de porte. L'artiste même qui l'a créée, Francesco Bianchi est ignoré. D'après une chronique de Lancilotti, on le suppose né en 1447 et mort en 1510. Il peignait en 1481, dit Vasari qui l'inhume en quatre lignes. Sa désignation demeure aussi confuse. D'aucuns le nomment Bianchi Ferrari, d'autres Frarre, d'autres il Frate Francesco. Tous s'accordent pour attester qu'il fut le maître du Corrège, mais en admettant que la date de son décès soit authentique, il serait mort alors que son disciple avait seize ans ! Les biographies sont muettes sur ses œuvres qui seraient perdues. Alors que tous les peinturlographes s'extasient devant les sourdes médiocrités de Raphaël, aucun ne paraît même soupçonner la singulière personnalité de Bianchi. D'où venait-il, quelle fut sa vie ? nul ne le sait. A quelle école appartenait-il ? Ecole de Modène, dit Vasari ; école Lombarde, affirme un catalogue ; école de Ferrare, prétend un autre. Et chacun passe, heureux de rentrer dans une voie battue et de retrouver les séculaires éloges dédiés au triomphant Allegri, son incertain élève.

Le Louvre possède un seul tableau de Bianchi et de cette toile s'exhalent pour moi des émanations délicieuses, des captations dolentes, d'insidieux sacrilèges, des prières troubles.

L'ordonnance de cette œuvre est telle : La Vierge assise sur un trône tient entre ses bras l'enfant Jésus, paré de bracelets minces, la chair nue, serrée au-dessous du menton par le fil d'un collier d'or. Derrière elle, entre deux pilastres que gravissent en tournoyant de précieuses tiges, un lointain paysage traversé par un fleuve, disperse les cimes arrondies de ses monts dans un ciel calme ; au pied du trône, un séraphin en robe verte joue du théorbe, un autre, en robe rose, joue de la viole. De chaque côté du cadre, debout, deux extraordinaires faces : un vieillard revêtu d'habits abbatiaux, tient à la main un livre à fermoir, relié en rouge ; un jeune homme bardé comme un chevalier de fer, regarde, la main appuyée sur une épée à la poignée en forme de croix.

D'après la tradition confirmée par l'avis des hagiographes, le vieillard est saint Benoît, et saint Quentin le jeune homme.

L'imposant aspect du vieillard livide et chauve, au visage rigide, à l'œil nu, à l'allure sacerdotale et princière, s'adapte, en effet, au formidable saint, au patient semeur qui laboura les âmes en jachère et fit germer en elles les claustrales moissons de son grand Ordre. Le livre qu'il tient entre ses doigts fuselés, dans ses mains lentes, renferme les règles qu'il promulgua, ces règles qui, réformées ou intactes, courbent encore, dans tout l'Occident, sous la discipline des cloîtres, des milliers d'êtres !

Ce regard si triste, si profond, si clair, dans lequel passent les récurrences d'horribles luttes, peut être celui de l'homme qui, réfugié dans le désert de Subiaco, râlait d'angoisses et consumait les abois de sa chair, en la roulant sur les vertes braises des orties et des ronces.

L'on conçoit également son sourire hautain et navré. Le pli de sa bouche dure rappelle, en effet, l'écrasante tâche qu'assuma ce Directeur d'un contentieux divin, ce Gérant des dépendances terrestres du ciel, ce Régisseur du bien-fonds des âmes. Le sourire mort de ses lèvres s'explique aussi lorsqu'on se souvient des haines qui l'assaillirent, des attentats surtout de ce prêtre qui voulut l'empoisonner et s'efforça de pervertir ses moines en prière, par la vue de filles dont les pâles nudités s'ouvraient en de séditieuses danses, dans le jardin même du monastère qu'il avait fondé.

La complexe expression de ce visage se comprend donc; mais comment définir la troublante figure du saint Quentin, un éphèbe au sexe indécis, un hybride à la beauté mystérieuse, aux longs cheveux bruns séparés par une raie, au milieu du front, et coulant à flots sur sa gorge corsetée de fer. N'étaient les pieds qui, au lieu d'être insérés dans des pédaliers d'armure, sont nus et chaussés de sandales rattachées par des bandelettes au bas de la jambe, l'on dirait du traditionnel costume d'une Bradamante ou d'un saint Georges.

Puis que penser de cette adorable tête dont une inétanchable douleur a voilé les traits ? que penser de ces yeux clairs mais dont le bleu évanoui cache comme un fond de bourbe ? — Ce ne sont plus les yeux navrés, les yeux purs, les yeux aux eaux de source, limpides et froides, du saint Benoît, ce sont des yeux brûlés par des tentations qui aboutirent, ce sont des prunelles d'eaux remuées et réfléchissant, quand elles se tranquillisent, des firmaments d'automne roux, ce sont de belliqueuses prunelles mal pacifiées par la pénitence, après la faute. Et l'aspect entier du saint fait rêver. Ces formes de garçonne, aux hanches un peu développées, ce col de fille, aux chairs blanches ainsi qu'une moelle de sureau, cette bouche aux lèvres spoliatrices, cette taille élancée, ces doigts fureteurs égarés sur une arme, ce renflement de la cuirasse qui bombe à la place des seins et protège la chute divulguée du buste, ce linge qui s'aperçoit sous l'aisselle demeurée libre entre l'épaulière et le gorgerin, même ce ruban bleu de petite fille, attaché sous le menton, obsèdent. Toutes les assimilations éperdues de Sodome paraissent avoir été consenties par cet androgyne dont l'insinuante beauté, maintenant endolorie, se révèle purifiée déjà, comme transfigurée par la lente approche d'un Dieu.

Car elle n'est pas encore venue pour lui, la combustion de l'âme qui fond et s'écoule en le Seigneur; cet état parfait de l'extase, où l'esprit s'enivre de délices dans l'existence essentielle, n'a point été acquis par l'androgyne dont les abandons n'ont sans doute pas été assez pressurés par le remords. L'inconsolable détresse de sa physionomie l'atteste. Il semble bien que dans cette attitude la Renaissance éclose et qu'elle peigne un épisode intermédiaire d'âme que le Moyen Age, plus absolu, eût supprimé.

Mais toutes ces idées compréhensibles, alors qu'elles s'appliquent à des saints qui, après s'être internés dans les maladreries exquises de la chair, ont été subitement illuminés par la grâce, deviennent inexplicables alors qu'on les adapte à saint Quentin. Ni le martyrologe, ni la monographie de l'abbé Mathieu, ne concernent un hermaphrodite cuirassé de fer, un chevalier qui, après avoir été affamé de tracas luxurieux, agonise sous le poids de ses peines. La légende le représente simplement comme le fils d'un sénateur romain qui vint, dans le Vermandois, confesser son Dieu, et que le préfet de Dioclétien, Varus, fit torturer.

De Tillemont relate les successions de son supplice. Il fut d'abord pendu à des poulies et étiré de telle sorte que ses genoux, déboîtés, flottèrent; il fut ensuite flagellé par de courtes chaînes, puis on lui tisonna le dos avec des torches ranimées par de la poix et l'on emplit sa bouche d'une pâte mouillée de chaux vive.

Ces préludes terminés, le bourreau voulut qu'il reprît haleine et le déposa dans une cave. Pansé par le froid des ténèbres, il se recouvra, et alors le tortionnaire le transperça, du col aux cuisses, de deux barres aiguës, puis il lui fit jaillir des clous sous les ongles et, enfin, il le perfora de longues pointes dont l'une, mal dirigée, pénétra dans la cervelle et mit fin à son martyre.

Or, rien, dans la figure, dans les attributs du saint ne rappelle les incidents de ce supplice. Le sujet du tableau demeure donc mystérieux, et, ce qui ajoute encore à l'énigme de la scène, c'est le visage de la Vierge, douloureux et altier, sous ses yeux baissés, des yeux qu'on devine pareils à ceux du saint Quentin, limpides à la surface et troubles au fond. Aucun des personnages ne concourt, du reste, à l'explication du groupe. Indifférents à la Madone et à l'Enfant Jésus qui sourit et joue, les saints regardent fixement, tristement, devant eux et aucun lien ne semble rattacher entre elles ces hautes figures dont la vie vous poursuit et vous presse.

Et alors l'on s'aperçoit que toutes cependant se ressemblent. On dirait du saint Benoît, le père, de Marie et du saint Quentin, la sœur et le frère, et du petit ange vêtu de rose jouant de la viole d'amour, l'enfant issu du diabolique accouplement de ces Saints. Le vieillard est un père qui a résisté aux aguets d'épouvantables stupres, et dont le fils et la fille ont cédé aux tentations de l'inceste et jugent la vie trop brève pour expier les terrifiantes délices de leur crime; l'enfant implore le pardon de son origine, et chante de dolentes litanies pour détourner la souveraine colère du Très-Haut.

Telle peut être la signification de cette toile où la rousse et flexueuse perversité d'une Renaissance sourd déjà de la rigide blancheur du Moyen Age. Sans doute, Bianchi a tout bonnement peint, ainsi que la plupart des artistes de son temps, une famille de donateurs qui lui avaient, pour la parure d'une chapelle, commandé cette œuvre; il a travesti en de religieux costumes des podestats usés par les déboires du bonheur et les joies du vice; en acceptant cette donnée d'une simple série de portraits, de quel sentiment surhumain, de quel subtil et impérieux talent n'a-t-il pas imprégné son œuvre! Sans rémission, les amateurs louent le chancelant sourire de la Joconde; mais combien plus mystérieuses, plus dominatrices, sont ces lèvres closes, augustes et navrées, douces et mauvaises, vives et mortes; combien les yeux attendus, sûrs, du Vinci, sont vides, si on les compare à ces prunelles en eau de roche ou en eau de rivière qui, frappée par la foudre, s'épure après l'orage!

Inexplicable malgré tout, cette toile d'une couleur lisse et meurtrie, d'un dessin solennel et svelte, d'une tristesse infinie, d'une allégresse indicible d'art, vous arrache à la vie présente et vous suggère d'inquiétantes rêveries, alors que, chassé par l'heure de la solitaire salle, l'on redescend sur la place du Carrousel et qu'on rentre dans le fracassant tohu-bohu des voies publiques.

# TABLE DES MATIÈRES

| | |
|---|---|
| Du Dilettantisme. | 7 |
| Puvis de Chavanne. | 13 |
| Gustave Moreau. | 17 |
| Degas. | 22 |
| Bartholomé. | 31 |
| Raffaëlli. | 33 |
| Stevens. | 36 |
| Tissot. | 38 |
| Wagner. | 40 |
| Cézanne. | 41 |
| Forain. | 43 |
| Chéret. | 51 |
| Wisthler. | 63 |

| | |
|---|---|
| Rops | 77 |
| Des prix | 121 |
| Jan Luyken | 126 |
| Le Monstre | 137 |
| Le Musée des Arts décoratifs et l'Architecture cuite | 157 |
| Le Fer | 169 |
| Millet | 185 |
| Goya et Turner | 199 |
| La salle des Etats au Louvre | 205 |
| Bianchi | 219 |

DIJON, IMPRIMERIE DARANTIERE RUE CHABOT-CHARNY, 65

# EN VENTE CHEZ LES MÊMES ÉDITEURS

## Format in-18 jésus

P. ADAM. *Soi.* 1 vol. in-18......... 3 50
— *La Glèbe.* 1 vol. in-32 ......... 2 »
J. AJALBERT. *Sur le vif,* vers impressionnistes. 1 vol. in-8° 6 »
ANONYME. *Ces Demoiselles de l'Opéra,* par un vieil abonné. 1 vol. in-18 ..................... 3 50
H. BEAUCLAIR. *Le Pantalon de M$^{me}$ Desnou.* 1 vol. in-32...... 2 »
— *Ohé ! l'artiste.* 1 vol. in-32..... 2 »
— *La Ferme à Goron,* 1 vol. in-32. 2 »
H. BECQUE. *Molière et l'école des femmes,* conférence. Une br. in-32 ............................ 2 »
ELZEAR BLAZE. *Le Chasseur au chien courant.* 2 vol............. 7 »
— *Le Chasseur conteur.* 1 vol..... 3 50
— *Le Chasseur au chien d'arrêt.* 1 vol............................. 3 50
L. BLOY. *Propos d'un Entrepreneur de démolitions.* 1 vol....... 3 50
BRIDIER. *Salmigondis,* 1 vol...... 3 50
Ch. BUET. *Contes ironiques,* illustrés par ALEX. LEMAISTRE. 1 vol. 3 50
E. CADOL. *Cathi.* 1 vol............ 3 50
CARJAT. *Artiste et Citoyen,* poésies, 1 vol............................ 3 50
ROBERT CAZE. *L'Elève Gendrevin.* 1 vol............................. 3 50
— *La Semaine d'Ursule.* 1 vol.... 3 50
— *Dans l'intimité.* 1 vol.......... 3 50
— *Grand'Mère.* 1 vol............. 3 50
COQUELIN CADET. *La Livre des convalescents,* illustré par HENRI PILLE. 1 vol. in-8° vélin.......... 20 »
L. DE COURMONT. *Feuilles au vent,* poésies. 1 vol. in-8° vélin, orné d'eaux-fortes et de nombreux dessins hors texte......... 20 »
CH. CROS. *Le Coffret de santal,* poésies et fantaisies. 1 vol....... 3 50
— *Sous-offs.* 1 vol. in-18.......... 3 50
L. DESCAVES. *Misères du Sabre.* 1 vol. in-18........................ 3 50
ED. DESCHAUMES. *L'Amour en boutique.* 1 vol.................... 3 50
H. DESNAR. *Le Secret de Sabine,* 1 vol............................ 3 50
L. DESPREZ. *L'Evolution naturaliste* (G. Flaubert, les Goncourt, M. A. Daudet, M. E. Zola. Les Poètes. Le Théâtre). 1 vol...... 3 50
E. DURANDEAU. *Civils et Militaires,* préface de TH. DE BANVILLE. 1 vol. orné de dessins sur bois.. 3 50
M. DE FARAMOND. *Quintessences.* 1 vol. in-18........................ 3 50
G. DE GENOUILLAC. *Comment elles agissent.* 1 vol.............. 3 50
— *Les quatre manières de les aimer,* 1 vol...................... 3 50
P. GIFFARD. *La Tournée du père Thomas,* 1 vol................... 3 50
F.-V. GRIFFIN, *Joies,* 1 vol........ 3 50
L. HENNIQUE. *La Mort du duc d'Enghien.* 1 vol. in-8° Hollande, orné d'eaux-fortes par MULLER, d'après les dessins de H. DUPRAY 20 »
— *Pœuf.* 1 vol in-32................ 2 »
— *Un Caractère,* 1 vol............. 3 50
HUYSMANS. *Certains,* 1 vol...... 3 50
— *Un Dilemme,* 1 vol. in-32...... 2 »
— *En Rade,* 1 vol.................. 3 50
M. JOUANNIN. *Neuf et dix.* Préface de M. FRANÇOIS COPPÉE, 1 vol.... 3 50
— *La Grève de Penhoat.* 1 vol.... 3 50
J. JULLIEN. *Trouble-Cœur.* 1 vol. 3 50
ED. LEPELLETIER. *L'Amant de cœur.* 1 vol....................... 3 50
— *Les Morts heureuses,* avec une préface par ALPH. DAUDET. 1 vol. 3 50
CH. LEROY. *Guide du duelliste indélicat,* 1 vol.................. 3 50
ALPH. LEVEAUX. *Le Théâtre de la Cour à Compiègne,* pendant le règne de Napoléon III. 1 vol.... 3 50
— *Nos Théâtres de 1800 à 1880.* 1 vol. in-18...................... 3 50
J. LORRAIN. *Les Griseries,* 1 vol. 2 »
P. MAHALIN. *Les Jolies Actrices de Paris.* 5 volumes à .......... 3 50
— *Caprice de princesse.* 1 vol.... 3 50
— *Au bout de la lorgnette.* 1 vol. 3 50
— *Le Fils de Porthos.* 2 vol...... 7 »
— *La Belle Limonadière.* 1 vol... 3 50
— *Le Duc rouge.* 1 vol............ 3 50
— *La Reine des Gueux.* 1 vol.... 3 50
— *L'Hôtellerie sanglante.* 1 vol... 3 50
— *La Filleule de Lagardère.* 2 v. 7 »
— *La pointe au corps,* 2 vol...... 7 »
J. DE MARTHOLD. *Contes sur la branche,* illustrés par E. MAS. 1 vol............................ 3 50
Os. MÉTÉNIER. *Myrrha-Maria,* 1 v. 3 50
A. MILLANVOYE et A. ÉTIÉVANT. *Les Coquines.* 1 vol...... 3 50
— *La belle Espionne,* 1 vol....... 3 »
G. MONVAL. *Le Laquais de Molière.* 1 vol. in-8° écu........... 4 »
CH. MONSELET. *Une Troupe de comédiens.* 1 vol.................. 3 50
JEAN MORÉAS ET P. ADAM. *Le Thé chez Miranda.* 1 vol......... 3 50
— *Les Demoiselles Goubert.* 1 vol. 3 50
EUG. MOREL. *L'Ignorance acquise,* 1 vol............................ 3 50
L. MULLEM. *Chez M$^{me}$ Antonin,* 1 v. 3 50
G. NADAUD. *Chansons à dire.* 1 v. 3 50
— *Nouvelles chansons à dire,* 1 v. 3 50
NICOLARDOT. *L'Impeccable Théophile Gautier et les Sacrilèges romantiques.* 1 vol.............. 2 »
F. POICTEVIN. *Seuls.* 1 vol...... 3 50
ED. THIERRY. *La Comédie Française pendant les deux sièges, 1870-1871,* 1 vol. in-8°.......... 6 »
J. TRUFFIER. *Sous les frises,* poésies. 1 vol........................ 2 50
— *Dimanches et Fêtes,* poésies. 1 vol. in-32..................... 2 »
VILLIERS DE L'ISLE-ADAM. *Tribulat Bonhomet,* 1 vol............ 3 50

Dijon. Imprimerie Darantiere, rue Chabot-Charny, 65.

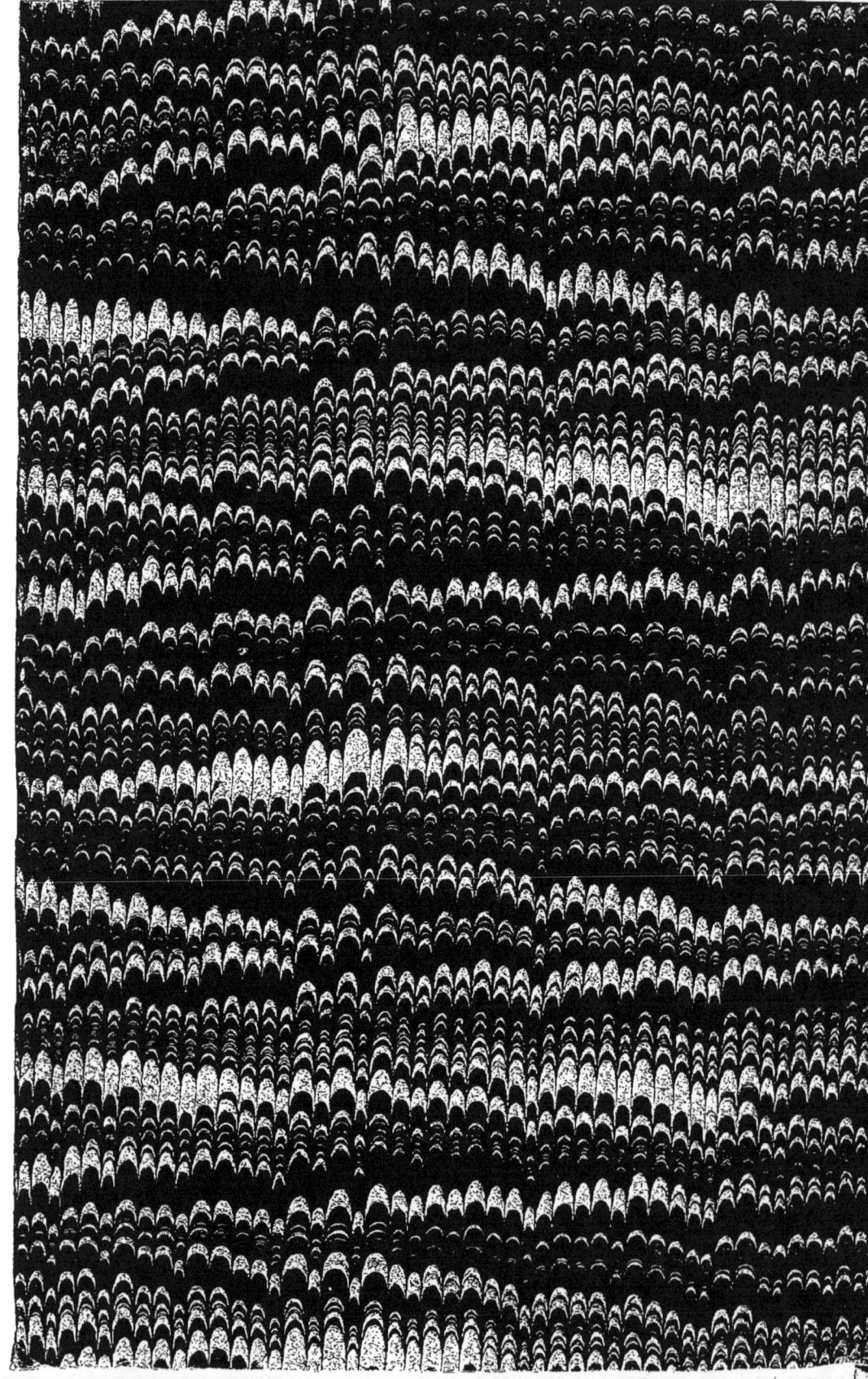

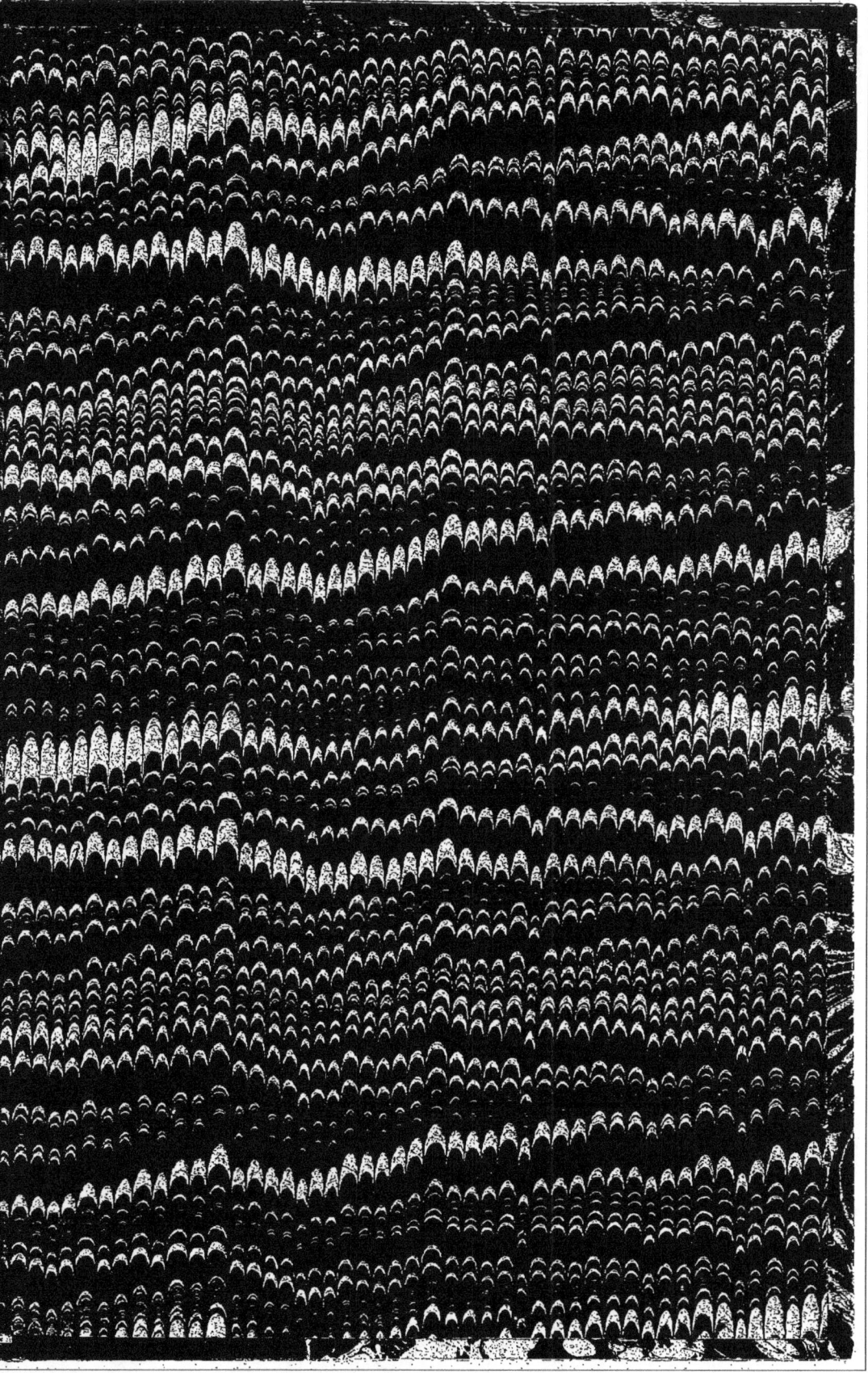

www.ingramcontent.com/pod-product-compliance
Lightning Source LLC
Chambersburg PA
CBHW062021180426
43200CB00029B/2245